知道做到
快速获取新技能的科学

The Science of Rapid Skill Acquisition:
Advanced Methods to Learn, Remember,
and Master New Skills and Information

[美]彼得·霍林斯（Peter Hollins） 著

于德伟 张宏佳 译

中国科学技术出版社
·北京·

The Science of Rapid Skill Acquisition: Advanced Methods to Learn, Remember, and Master New Skills and Information
Copyright © 2019 by PKCS Media, Inc.
Simplified Chinese edition copyright © 2022 by **Grand China Publishing House**
Simplified Chinese translation rights arranged with PKCS Media, Inc.through TLL Literary Agency
All rights reserved.
No part of this book may be used or reproduced in any manner whatever without written permission except in the case of brief quotations embodied in critical articles or reviews.

本书中文简体字版通过 Grand China Publishing House（中资出版社）授权中国科学技术出版社在中国大陆地区出版并独家发行。未经出版者书面许可，不得以任何方式抄袭、节录或翻印本书的任何部分。

北京市版权局著作权合同登记　图字：01-2022-0383号。

图书在版编目（CIP）数据

知道做到快速获取新技能的科学 / （美）彼得·霍林斯著；于德伟，张宏佳译. -- 北京：中国科学技术出版社，2022.7（2023.12 重印）

书名原文：The Science of Rapid Skill Acquisition: Advanced Methods to Learn, Remember, and Master New Skills and Information

ISBN 978-7-5046-8954-2

Ⅰ.①知… Ⅱ.①彼…②于…③张… Ⅲ.①技能学习 Ⅳ.① G442

中国版本图书馆 CIP 数据核字 (2022) 第 060610 号

执行策划	黄　河　桂　林
责任编辑	申永刚
策划编辑	申永刚　褚福祎
特约编辑	张　可
版式设计	王永锋
封面设计	东合社·安宁
责任印制	李晓霖

出　　版	中国科学技术出版社
发　　行	中国科学技术出版社有限公司发行部
地　　址	北京市海淀区中关村南大街 16 号
邮　　编	100081
发行电话	010-62173865
传　　真	010-62173081
网　　址	http://www.cspbooks.com.cn

开　本	787mm×1092mm　1/32
字　数	117 千字
印　张	6.5
版　次	2022 年 7 月第 1 版
印　次	2023 年 12 月第 2 次印刷
印　刷	深圳市雅佳图印刷有限公司
书　号	ISBN 978-7-5046-8954-2/G·948
定　价	59.8 元

（凡购买本社图书，如有缺页、倒页、脱页者，本社发行部负责调换）

致中国读者信

Dear Chinese Readers,

Use my book as a guide to improve yourself and achieve the life you want. The ability to learn is truly what will allow you to overcome all the obstacles you'll face.

Right now, we are all at Point A in one way or another. Use this book to get to Point B in the quickest, most efficient manner possible.

Dedicated to your success,
Pete Hollins

Pete Hollins

亲爱的中国读者：

希望我的这本书能指导你们提高自己，从而拥有你们想要的生活。学习能力将帮助你克服所有的障碍。

现在我们都以这样或那样的方式停留在A点，利用这本书，你们将以最快、最有效的方式到达B点。

祝你们成功！

彼得·霍林斯

成长所有细微的情绪之下，都隐藏着春暖花开冰面破裂的改变巨响。所有不被辜负的成长阵痛，都将在暗潮涌动之后找到自我的辽阔之处。

**The Science of
Rapid Skill Acquisition
推荐序**

一个"动机"，四个"主义"的自我改变宣言

高 静

"静界读书"创始人和品牌推广者
国家二级执业心理咨询师
深圳职业能力建设专家库专家

我一直相信改变的力量，从不怀疑成长的意义。每个人内心深处都有一个成长储藏室，在那里封存着自己的天赋，价值和与生俱来对美好的向往。成长所有细微的情绪之下，都隐藏着春暖花开冰面破裂的改变巨响。所有不被辜负的成长阵痛，都将在暗潮涌动之后找到自我的辽阔之处。

但是，如何让成长的"阵痛"找到止痛药，让改变的"恐惧"找到支撑点，让"知道"能够真正"做到"？《知道做到快速获取新技能的科学》一书中提炼出 5 个关键因素，解锁新技能学习

地图。3大诀窍敲定技能学习规划，4种练习方法，系统把控技能学习进度，4种思考技巧，全方位拓展知识边界。

好的阅读没有定式，但好的书籍必指向认知的远方。从"知道"到"做到"，除了以上方法外，以下一个"动机"，四个"主义"，或许能带给你延伸思考。

一个"动机"，让动力变成行动力

对于渴望成长的你来说，获得更多新知需要一个出发的"动机"，在这个动机里少不了你对成就的渴望和对自我的期许。要想跨越从"知道"到"做到"的鸿沟，你必须给自己找到一个"做到"的动机。你会因为一个正念向好的愿景动机，而选择跳脱困境，勇敢出发。

拥有学习心态是启动"知道"的重要按钮，找到学习动机，是"做到"的重要工具。前者带给你"动力"，后者才会带给你"行动力"。

四个"主义",让抵达成为可能性

拿来主义:初入职场的小白,不妨以"拿来主义"开启学习,不论是一师一言,还是一书一课,都可能会助力你跳出固化思维,带给你认知的迭代更新。这个时期最需要心无旁骛的沉浸学习,无问西东的营养吸收。

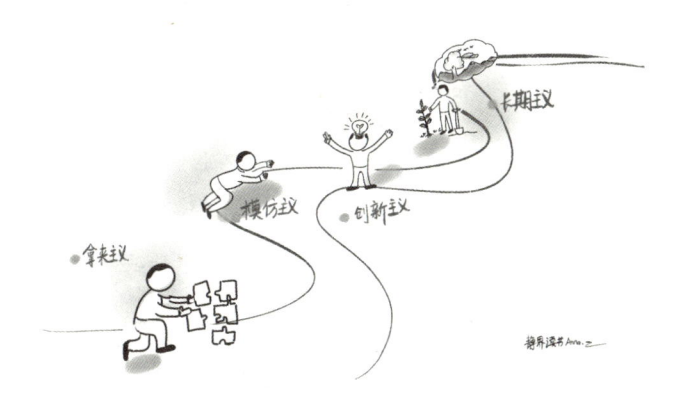

模仿主义:成长已入赛道的你,选择以"模仿主义"打磨自己,向高人学习,智者学习,书籍学习。模仿他人所长,雕刻自我所短。探索未知,重构已知。这个阶段更强调刻意练习,间隔重复。高频输出,高效复盘。

所有的学习,刚开始都像是在照镜子,无非是学到了,再换一个老师,换一面镜子,直到有一天你发现新的镜子里是你自己,你就有你自己的方法。你就可以做别人的镜子!

创新主义：成长进入深度学习的你，需要的是以"创新主义"建构自己。创新就预示着不同和颠覆。用思辨的立场看待学习中遇到的问题和答案。而每一本书籍的意义并非直白地将正确答案抛之于你的眼前，而是需要你通过不断的思考和追问，剔除掉大部分的"理所当然"。

在此基础之上，若你能最大限度地启动你的"脑洞"，让"关联"变成你的秘密武器，让"类比"变成你的创新锦囊。敬畏创意，才能无限创新。拥有创新，才能卓而不群。

长期主义：如果"拿来主义"是你成长马拉松的第一声枪响，"模仿主义"是助力你提速的第一双跑鞋，"创新主义"是你弯道超速的第一个丰碑的话，那"长期主义"就是最终撞上那条心之所向的终点红线的不二之选。

只选择"拿来主义"的人，充其量只是有了起跑的动作，选择"模仿主义"的人，就拥有了短跑的能力。如果你拥有了"创新主义"，你将拥有一次超越的机会，如果你选择了"长期主义"，你就可能拥有一次野蛮进化的冠军历程。

所以，如果你也希望能从"知道"到"做到"，那就邀请"认知早起"的你从"拿来主义"开启，用"模仿主义"进化，"创新主义"超越，直至以"长期主义"抵达。

**The Science of
Rapid Skill Acquisition**

目　录

第1章　技能学习新时代，也是你的时代　　1
学习成功与否，动机至关重要

学习平台和工具等资源快速迭代，机器学习和人类学习也以前所未有的速度发展着。"机器人取代人工"和"学历内卷"的压力让你我陷入迷茫，看不清个人未来发展的方向。其实，无论是出于兴趣，还是职业所需，只要你下定决心，找准方法，都能更高效地掌握一项新技能。

我们正处在"动态竞争"中　5

5个关键因素，解锁新技能学习地图　7

4个阶段预判学习效果，设定期望值　12

快速获取新技能 Tips　17

第2章　3大诀窍敲定技能学习规划　　19
从计划到落地，"快、准、狠"的学习方法论

人怕入错行，学生怕选错专业，更怕"毕业即失业"。跨专业找工作和跨行业跳槽的现象愈发普遍，复合型和

知识型人才成为各行业企业培养的重心。在这种大环境中，首先对自己的知识和技能定位，才能顺应天性，顺势激发自身的学习能力和执行力。

分解技能：用20%时间学会80%内容　21

找到你的专属学习风格　26

无须准备就绪，在实践中学习　39

快速获取新技能 Tips　47

第3章　4种练习法，系统把控技能学习进度　49
训练出最适合学习的大脑和身体

时间和信息的碎片化使得人的思维也逐渐碎片化，难以记忆知识。学习和复习的时候，往往再从第一页，第一行，第一个字开始看起。专业学习力不从心，简历上的个人技能也填得心虚。系统的思维方式要靠系统的练习方法，主动练习进行测验，倒逼成果，技能学习更扎实。

刻意练习：专攻问题区域　52

交替练习：交替学习莎士比亚、数学和非洲历史　57

间隔重复：用高频接触形成长期记忆　60

PBL：学习新技能从解决一个问题开始　67

当你面对学习失败的结果时　74

吃透知识，需要高频练习　81

快速获取新技能 Tips　85

第 4 章　4 种思考技巧，全方位拓展知识边界　89
思维是一根针，将力集中一点，编织成缜密的网

知识区博主已然成为互联网"流量新贵"，各大学者专家也纷纷下场引领新一轮的"知识风潮"。浏览他们分享的内容，总是发人深思，进而令人赞叹不已。可你依葫芦画瓢地去学习时，却没有得出向往的结果。深度学习，就是其中缺失的一环。

精细提问："为什么"链条式研究　92
费曼技巧：正视你的知识边界　97
布鲁姆分类法：个人学习的晴雨表　101
好奇心的 5 个维度：你的学习助推器　108
快速获取新技能 Tips　114

第 5 章　技能积累，稀缺人才的终极武器　117
如果无法靠单项技能胜出，那就多学几项

在任何领域里，想要达到顶尖水平，必定要付出机会成本。与其费心思在某项技能上跻身前 1% 的大师行列，不如在三四项技能上成为前 5%～前 15% 的高手。背景更多元化的公司也比背景相对单一的公司多创造 19% 的产值。这就是技能积累的优势。

别幻想成为莫扎特，去多学几种乐器！　119
如何找到使自己脱颖而出的技能？　125
快速获取新技能 Tips　130

第 6 章　管理社交圈，营造正向学习环境　　131
真正对你好的人，会支持你变得更优秀

你的身边是否有这样的人？你想学习的时候，偏偏要拉你打游戏；你在准备考试的时候，说你背着他偷偷努力。"如果你把大部分时间用于和 5 个人相处，你的水平就会是他们的平均水平。" 而你会发现，优秀的人总是和优秀的人在一起。何不使学习成为默认选项，让环境帮你自动决策？

别让毒性关系阻碍你的学习　　135
怎样选择榜样和导师与你同行？　　138
从"技能培育温床"到"人才温床"　　144
对自己的自律力做最坏的预估　　148
快速获取新技能 Tips　　153

第 7 章　适当放慢脚步，回归初学者心态　　157
所有的半途而废，都是因为心态错位

无论什么时代，人类都有着基于前人完美案例的幻想，在超短时间内精通新技能成为每个人的愿望。如今，因交流的扁平化，这种幻想和愿望随处可见。但朝着幻象奔跑实现不了目标，而你会因为心态的落差一蹶不振。只要真诚地面对内心的困惑，守住学习的初心，你实现目标的路就会清晰可见。

目标感的培养要靠有计划的努力　160
为了学习新技能，你愿意付出什么代价？　165
锻炼你的"困惑忍耐力"168
时时注意让思维定式清零　170
快速获取新技能 Tips　173

新技能获取法 Summary　175
"蓄势向上"共读书单　189

第 1 章

THE SCIENCE OF
RAPID SKILL ACQUISITION

技能学习新时代，也是你的时代

学习成功与否，动机至关重要

学习平台和工具等资源快速迭代，机器学习和人类学习也以前所未有的速度发展着。"机器人取代人工"和"学历内卷"的压力让你我陷入迷茫，看不清个人未来发展的方向。其实，无论是出于兴趣，还是职业所需，只要你下定决心，找准方法，都能更高效地掌握一项新技能。

真正的学习一定会改变一个人的行为。事实上，在他看来，学习本身就是一段从"知道"到"做到"的旅程。

第1章 | 技能学习新时代，也是你的时代

和很多人一样，小时候父母也强迫我去学乐器。虽然他们让我从钢琴、萨克斯和小提琴里选一个，但是我知道他们希望我学钢琴，因为家里就有一架，可谁也不会弹。于是我心领神会，在一周后报了钢琴课。

虽然学了七年，但平心而论，我的钢琴技艺并没有什么长进。可是对于其他孩子来说，七年的时间足以让他们拥有在卡内基音乐厅表演的资格。莫扎特在四五岁时就开始作曲，而我在大部分时间里只会弹简单的练习曲。虽然不能完全说是无用功，但我的钢琴水平确实一般。

难道是天赋使然吗？这倒也未必。没有天赋只是其中的一个原因，缺乏必要的练习才是症结所在，又加之我对弹琴这件事毫无耐心可言。原因何在？因为当小伙伴们在外面骑着山地车开开心心地玩耍时，我被关在屋里练琴。可想而知，那时的

知道做到 快速获取新技能的科学

我身不由己，心猿意马。

当时，我还有个一起学钢琴的朋友，起初我们常常互倒苦水，但是没过多久情况就发生了变化，他的琴技突飞猛进，让我有些心生妒忌。从钢琴考试的等级来说，他每年都能升一级，而我两年能升一级就谢天谢地了，所以我的老师根本不指望我能年年晋级。以前我们两个都在同级别的钢琴演奏会上表演，但是第二年他就升级了，而我却"坚守"在初学者的行列。

那时，我没有学习的意识，从来没有想过要向他请教学习钢琴的心得，只知道他天赋比我高、练习比我勤奋。我也认识他的母亲，知道她非常严厉，听说她大学时是学校的网球队员，只要孩子不听话，就会被她用球拍一顿暴打。

如何才能又好又快地学会一项技能呢？我想天赋自然起到一定的作用，但是乐于学习、肯于投入、持之以恒也是至关重要的。乐于学习和肯于投入，在学习的初始阶段，也许还能够应付。但是不管学什么，要想取得长足进步，一定需要一套行之有效的学习方法。

学习一门技能会对我们的人生产生巨大影响，能让我们有能力改变自己的生活环境，懂得高效学习更能让我们朝着理想生活加速前进。可是每每提及学习，比如学习织毛衣、游泳、打网球、演奏乐器之类的，人们总会把它们和日常的爱好联系起来。尽管我学钢琴的经历算不上成功，但是快速学习的能力在我后来的职业和学术发展中起到了举足轻重的作用。相信这种能力对广大读者朋友们来说，也是非常有用的，所以让我们平心静气，来学习如何快速学习吧！

我们正处在"动态竞争"中

我们所处的时代比以往任何时候都更适合快速学习，因为所有的信息和知识几乎都能够瞬间获得，并且成本低廉（比如一些网上课程），有些甚至无需成本。不管是培养一种兴趣还是掌握一门知识，哪怕是考取某项资格证书，其容易程度较之以往，都不能同日而语。回想 20 年前，想要解决一个问题，必须在图书馆花几个小时查阅资料和书籍。在今天，做这些甚至可以足不出户。有很多工具可供我们选择，方便又快捷，谁还需要花那么大力气呢？

既然学习技能会使我们的生活发生前所未有、翻天覆地的变化，那么我们为什么没有积极地去学习呢？难道是我们不知道该怎么去学习吗？这并不是我们当下要解决的问题（虽然最终会是）。

刚开始学习的时候，我们都是处于被动学习的状态中，因

知道做到 快速获取新技能的科学

为学校把我们培养成了这样。讲解传授—学习理解—重复练习的课程模式,让我们习惯于先记忆知识,再机械套用的学习模式,这当然不是学习的最佳方法。当先记忆再套用的学习模式循环往复,掌握知识、运用知识就不再是学习的目的,学习变得可以得过且过,反正只要顺利毕业就好,何必大费周章地苦苦思索——这直接导致我们大多数人没有学会该如何去学习。

简单重复的学习方法很难让我们对学到的知识运用自如,因为我们既不能学以致用、分清主次,也谈不上对自身所学进行深度加工,更不用说对笔记、时间、专注力、分辨力等方面进行管理。为了学习而学习是毫无意义的,并且随着时代的发展和科技的进步,学到的知识很快便更新换代了。

学习是改变生活现状的唯一途径,但不会有效地学习,就永远无法取得实质性的进步,这就等于缺少了一项能够让生活做出改变的重要技能。在自主学习极其便捷的今天,这一问题表现得尤为突出。

我的一个朋友是个非常不善于推销自己的人,在离婚之后的十年里都没有找到工作。后来她自学了珠宝加工,尽管没钱参加培训班,但通过五年的摸索,她最终开始了自己的珠宝定制业务,并在三年后买下了一栋房子。现在,这位朋友在家中处理业务。她根据自己的兴趣爱好,利用已有的资源,改变了自己的人生。显然，她不可能只通过机械照搬所学的知识，就完善了珠宝加工技艺。

自己的人生自己做主，无须照搬别人的模式。有了这样的心志，潜力就能得以激发，继而积极进取、全心投入，这些都是自主学习的关键所在，并且能够帮助你逐渐改变人生轨迹。

> 不管你想要做什么或成为什么样的人，只有掌握了学习的能力，你才能参与竞争，才不会落伍出局。

无论你的年龄、背景、出身或地位是怎样的，一项新的技能会在总体上提升你的人生价值。而学习中获得的成就感本身就是最好的嘉奖，还能改变原有的人生状态和工作环境，实现人生目标，提高综合能力，更能为进一步的学习开辟道路。

5个关键因素，解锁新技能学习地图

想涉猎一个新的行业或学习一项新的技能，并由此改变生活进程的人，其实面临着很多选择。决定把时间花在什么上可

知道做到 快速获取新技能的科学

能是一件很困难的事情，尤其是当你想按照自己的方式去做，而不是别人告诉你该怎么去做的时候。

为什么说困难呢？也许是因为这是我们人生中第一次这样去做。那么该如何决定到底要做什么事情呢？

这个问题其实并不总是那么重要。有时候人们想学习新的知识或技能，或许只是因为想学，也就是为了学习而学习，并不一定能给生活带来什么改变。但是对于我们这些想要高效利用时间和快速丰富头脑的人来说，可能就不一样了。

作为一种思维练习方法，想想你想学习的所有技能，无论是为了娱乐还是为了个人职业发展。如果你想出的技能总数加一起超过了两位数，不要感到惊讶，我相信你能想出10项、15项，甚至更多想学的技能。显然，你不可能一次学完所有的技能，毕竟每个人的时间都是有限的，所以我们需要将时间集中在少数我们能掌握的或是对我们最重要的技能上。

在一段给定的时间内，你最多可以学习两到三项技能，有的是为了娱乐，有的则是工作需要。以下一些因素可能会对你确定学习目标有所帮助。

目　的

你想学习某项新技能的动力是什么？是为了赚更多的钱，

还是为了增加一个爱好？是为了改善人际关系，还是为了改善身心健康？明确你的目标，然后学习有助于实现这个目标的相应技能。

或许你正在创业，但缺乏基础的财会知识；或许你想去冒险，所以决定去学登山；或许你考虑到以后会出国旅行，因而想学一门新的语言。理解辛勤耕耘背后的核心目标非常重要，只有这样才能理解辛苦努力终将带来有价值的回报。

供求关系

这一项专门针对与工作和职业有关的技能，因为有些技能比其他技能更有市场前景。这大多是一些许多人急需但很少人掌握的技能。你会发现很多程序员闭着眼睛都能写出 HTML[①]或 CSS 代码，但很少有人能够掌握 Ruby on Rails、Python、C#或者 JavaScript（这是我的粗浅理解，毕竟我不懂编程）。要是你有工作上的需要，可以学习一项能够提高你赚钱本领的技能。要是你不那么在乎钱的话，可以学习一项自己最感兴趣的技能（如果你喜欢墨西哥菜，可以去学习如何烹饪。至于你会不会做法国菜就先不用理会了）。

[①] HTML、CSS、Ruby on Rails、Python、C#、JavaScript 均为计算机程序语言。——译者注（本书中除特别说明，脚注均为译者注）

知道做到 快速获取新技能的科学

天赋

如果你在某方面有一定的天赋,那么在学习这方面的技能时,你会更容易取得丰硕的学习成果。所以充分利用你的天赋,让你的学习更有效率,让你的进步更迅速。工作中最不理想的情况之一就是努力完成一项不能发挥我们所长的任务。每个人的天赋各异,那么凭借天赋,你能更快地掌握哪些新技能呢?

一个显而易见的事实是,处于某项技能掌握水平前 1% 的人要比前 10% 的人拥有更高的成就感、更可观的经济收入,以及更自主的选择权。这 1% 的人中,有的能赚取最多的钱,有的能克服困难成为职业运动员。他们总是最抢手的。天生拥有一种爱好也很重要,尤其是当你缺乏耐心的时候。这一点我将在后面解释技能积累概念的时候更详细地进行阐述。

机遇

看看自己目前的社会关系或工作环境,如果想学习一项新技能,你能获得多大程度的支持?也许你的工作单位愿意出资让你学习视频剪辑;也许你的一个朋友或家人在园艺方面比较专业,正好可以指导你;也许你学会编程后,会有一个低风险的工作机会等着你。你周围的环境很重要,这决定了学习什么技能更方便。

> 我们之所以学习，是因为学习能拓展我们的能力。你所做的事情决定了你会成为什么样的人，你做的事情越多，你能做的事情也就越多。

还应该注意的是，学习更难、更复杂的技能往往比学习简单的技能需要更多的工具、注意力、时间和金钱。本着务实的原则，结合自己目前的情况，考虑一下哪些技能更容易学到手，并且你能负担得起。比如，你想学习如何制作冰雕，那么就需要购买链锯，但主要的困难在于你生活在一个全年气温为华氏90度[1] 的环境中。所以就目前情况而言，学习陶艺可能更合适，花费不多，又不受气温限制。

生活状况

人生充满变数，入职、被炒、恋爱、分手、结婚、离婚、生病、搬迁、生儿育女等情况时有发生，没有人能够一帆风顺。有些人生变故发生之后，我们可能就需要学习新的技能了。比如公

---

[1] 相当于32.2摄氏度。

司裁员了，你就必须学会量入为出；为人父母了，就必须学会照顾婴儿；被诊断患上糖尿病，就必须学会锻炼身体。生活环境总会让我们思考："如果发生……我们该如何应对？"

发生重大的人生转变时，我们要尽可能地做正面诠释。如果能因此迫使你学习新的生活技能，那你就应该抓住机遇，抵触或是抗拒都是毫无意义的，要学会接受现实，说不定这会成为促使你努力适应新环境的主要动力。

4 个阶段预判学习效果，设定期望值

在制订快速学习新技能的计划之前，首先要弄清楚学习一项技能会带来怎样的变化。由于你过去接受的大部分教育可能采取的都是被动学习的形式，正如前面所讲的，你可能没有意识到，储存在你头脑中的信息和知识是要拿出来应用的。理解了这一点，就可以有一个很好的方法来记录取得的进步，并预测未来的学习情况。

1970 年，戈登国际培训公司（Gordon Training International）的诺埃尔·伯奇（Noel Burch）提出，每个人在学习新事物时都会经历四个学习阶段。还是用我学钢琴的例子来解释这四个阶段（这样也可以安慰一下我的母亲，她花了那么多钱送

我去学钢琴，也不是一点用都没有）。

不知道自己能力不够。简而言之，就是对新事物还一无所知。这个阶段是我们第一次接触新技能或新知识，所以不知道自己在做什么、需要知道什么，或者目标是什么。这样一来，我们难免会犯很多错误而不自知。

以钢琴学习为例，在此阶段，你唯一知道的就是钢琴长什么样子。你可能知道钢琴会发出什么样的声响，触摸琴键时会发生什么情况，知道的也就这些了。除此之外，你既不会读乐谱，也不知道手指该如何绕着琴键动，更不懂什么音乐理论。你甚至可能都不知道自己能否坚持学下去，更别提通过弹琴来改变人生了。

知道自己能力不够。在这一阶段，你了解了自己的短板，却对此无能为力。刚刚步入学习的中间阶段，你开始熟悉所学技能的一些细节。你清楚自己不知道的东西还有很多，但是知道如何发现这些知识缺口，以及如何填补。你也许还会犯错，但现在起码了解自己的情况了。

现在你对钢琴有了些许了解，可能看得懂音符，也能不费劲儿地弹奏一些音阶。你也懂得了乐谱的一些基本要点：什么是升半音、降半音、拍号、一个音符弹奏多长时间等，也许还有一些更基本的常识，譬如如何弹奏得响亮或轻柔，如何加

知道做到 快速获取新技能的科学

快或放慢弹奏速度。但是你仍然要继续学习指法,慢慢练习新的曲子。太复杂的曲子暂时想都别想,毕竟你离拉赫玛尼诺夫(Rachmaninoff)太遥远了。现在的你清楚自己该做什么,但是由于缺乏练习,以你目前的技艺水平还做不到。

知道自己有能力应对。你知道自己该做什么并且可以做到了。你的技艺开始变得熟练。大量的练习使你掌握了新技能的某些方面,而且你犯的错误也越来越少了。但是你还达不到炉火纯青的水平,在运用技能的过程中,你仍然不敢分神,毕竟这还没有成为下意识的习惯行为。

至此,你已经算是精通弹钢琴了。你能保证固定的练习时间,正在学习复杂的音乐理论,你通过耳朵听就可以识别和演奏一些曲子,尽管某些和弦的变化仍然需要你抬头看曲谱。不过,你的钢琴演奏水平仍有待提高,比如手指的肌肉记忆还不够发达,因而无法弹奏旋律极快的曲子,而且你时常需要借助活页乐谱。但你很清楚,自己已经学有所获了。

清楚自己的能力,并已成为下意识的行为。最后一个阶段,你清楚自己的实力,甚至不用想就可以做到,成了这项技能的专家。你非常熟练,每个步骤都了然于心。你知道如何实现目标,并且在必要情况下进行自然的调整,你几乎不犯错误了。顾名思义,"下意识地"就是指你闭着眼睛都可以做到。因为已经完

第 1 章 | 技能学习新时代，也是你的时代

全掌握，你在运用该项新技能时几乎不需要思考。

我很高兴地告诉你，现在你的钢琴已经弹得炉火纯青了。多年的练习使你的手指弹奏速度惊人，几乎不看乐谱就能弹奏任何曲子。唯一需要看乐谱的情况只发生在弹奏从未听过的新曲时，而你只需要弹奏几次就能记住新曲。演奏时，你已经达到了人琴合一的境界。这时你称得上是钢琴家了，你会在卡内基音乐厅演出，你将获得格莱美奖提名，人人都渴望与你共事，就连埃尔顿·约翰（Elton John）也会打电话向你请教。

每当我们学习一项新技能时，明确自己处于四个阶段中的哪个阶段非常重要，它能够让我们知道自己学到了哪个水平、还缺乏什么样的训练，从而设定合理的期望值，更好地了解自己接下来应该做什么。当然，我们的最终目标是迅速完成上述四个学习阶段。

此外，通过对学习进行合理预判还能减少挫败感，了解学习过程中会遇到的困难，并理解遇见这些困难是完全正常的，就能保持干劲和动力继续向前。学习的第一阶段可能会很痛苦，请记住，这都是正常的。每一个精通某项技能的人都是从一无所知开始的。顺利度过第一阶段的最好的办法就是坚持下去。

学习过程中还需要做大量的规划，其实很多规划在我们明确自己想做什么之前就已经在进行了。和做大多数决定一样，

知道做到 快速获取新技能的科学

我们必须把自己真正需要或想要的东西具体化，并明确自己的目标。一旦我们做好了心理准备和思想准备，决定接受挑战，就应该开始设定对新技能的学习期望。

快速获取新技能 Tips

Tip 1

学习是什么？除了痛苦、不适和烦恼之外，学习还代表着拥有一种改变生活和环境的能力。大多数学校采用的是被动的学习模式，我们从未学过如何学习。而学校中所学的生搬硬套的学习方法，在步入社会后并无太大用处，所以真正能帮到我们的是掌握学习新技能的有效方法。

Tip 2

学习的重要步骤之一是弄清楚要学什么。我们有很多心愿，但应该把宝贵的时间花在最重要的事情上。什么是重要的事情呢？凡是能提升幸福感、增强赚钱本领、优化资源配置能力、最大化利用机遇抑或是让你更好地应对各种生活境遇的事情，都是重要的事情。学习一项技能、爱好或提取某种信息的原因各有不同，对人生的影响也会不同。

Tip 3

学习过程中要熟知四个阶段。清楚自己的实际情况，就可以更好地计划下一步的行动。这四个阶段分别是不知道自己能力不够（不知道自己的无知）、知道自己能力不够（知道自己的方法不对）、知道自己有能力应对（知道如何成功，需要付出努力和专注）、清楚自己的能力并已成为下意识的行为（不用过多考虑便能取得成功）。

第 2 章

THE SCIENCE OF
RAPID SKILL ACQUISITION

3 大诀窍
敲定技能学习规划

从计划到落地,"快、准、狠"的学习方法论

人怕入错行,学生怕选错专业,更怕"毕业即失业"。跨专业找工作和跨行业跳槽的现象愈发普遍,复合型和知识型人才成为各行业企业培养的重心。在这种大环境中,首先对自己的知识和技能定位,才能顺应天性,顺势激发自身的学习能力和执行力。

如果我们没有制订一份跟进计划，我们可能根本不会产生任何变化。当然，我们可能会在某段时间里保持一种比较开放的心态，但过不了多久，老习惯就会卷土重来。

即便你要学习的是一项此前毫不了解的全新技能，你也可以并且应该提前在大脑中勾勒出开展学习的大纲。一个好的学习计划会引领你完成新的学习，但计划并不是一成不变的，如果有必要，可以做出适当调整。

虽然学习计划并不能决定一切，但是一个精心设计的计划往往决定了学习会成功还是会失败。本章为你讲述一些策略和建议，以帮助你制订一个翔实的项目计划，最终学会一项新技能。

分解技能：用 20% 时间学会 80% 内容

有些人会对学习新技能感到担忧。在没有掌握学习规律之前，他们总认为学习新东西是一项异常艰巨的任务。虽然这么想也有一定道理，但我们认为大多数技能，比如烹饪、演奏乐曲、

知道做到 快速获取新技能的科学

木工，甚至写作，都更像是一些单项技能的集合（我们可以称之为子技能），这些子技能集合在一起才形成了综合技能。

我们学习一项新技能的时候，可以将其分解为几个更容易操作的部分，分别进行学习。换言之，就是将一项复杂的工作分解为不同的单项技能。"分解"这个词让我想到建筑行业，就像建造房子一样，这是一个很贴切的比喻。因为建造房屋由数百个单项技能组成，如电工、木工、绘制图纸、建筑设计、水泥工程等，所以并没有整体建造房屋的技巧。如果你不把建造房屋这项工作分解开来，那么巨大的难度会将人逼疯。

分解就是对每个组成部分逐一进行分析，观察其性质和功能，弄清如何发挥单个部分的作用，从而使整体发挥更强大的功能。这样一分解，会使自我训练和练习变得不那么可怕，因为我们可以集中精力、循序渐进地学习每个单项技能。

还应该注意的是，在分解过程中并非每个单项技能都发挥同样的作用。单项技能其实可以遵循著名的帕累托法则（Pareto principle，也被称为"二八定律"）。帕累托法则指出：

> 在任何特定群体中，重要的因素通常只占20%，而不重要的因素则占80%，因此只要能控制具有重要性的少数因素即能控制全局。

帕累托法则强调集中精力找出重要的 20% 的因素，从而减少或消除对剩余 80% 因素的关注。将其应用在技能分解中，这意味着我们需要找出对形成综合技能起关键作用的单项技能，然后集中精力去攻克。

这也是技能分解如此重要的另一个原因，即为了获得最大的利益和取得最大的进步，我们清楚要将关注点放在哪里。

> 训练，尤其是对学习材料中最困难的部分进行强化训练，这样才能让那些拥有普通智力的人有机会上升到"天赋异禀"的境界。

例如，语言专家加布里埃尔·怀纳（Gabriel Wyner）认为，当开始学习一门新语言时，你首先只需关注该语言中最常见的 1 000 个单词："学完这 1 000 个单词后，就能读懂一般文章中 70% 的内容；但学完 2 000 个单词后，也才读懂一般文章中 80% 的内容。"

怀纳进一步解释了这个观点，假设你只认识 10 个英语单词："the""(to) be""of""and""a""to""in""he""have"和"it"。如果你的词汇量就这么多，那你能看懂多少文本呢？保罗·内

知道做到 快速获取新技能的科学

申（Dr. Paul Nation）博士认为，答案是 23.7%。英语词汇总共大约有 25 万个词，这 10 个词只占英语词汇总量的 0.00004%，却几乎占了我们所写的每句话的 25%。

比如，我们最终将词汇量猛增到 100 个单词，包括"year""(to) see""(to) give""then""most""great""(to) think"和"there"等。纳恩博士认为，有了这 100 个单词，我们就能理解 49% 的日常句子了。

说得更直接一些，仅凭 100 个英语单词，我们几乎能看懂一句英语中的一半内容。让我们再大胆延伸一下这个数字，可以说认识了 200 个单词，我们就能理解每个句子中 40% 的意思。

事实上，这一点很重要，这说明每个英语句子的一半内容还占不到英语词汇总量的万分之一。这绝对是帕累托法则的有力证明。

东南亚教育部长组织（South East Asian Ministers of Education Organization）区域语言中心的亚历山大·阿圭列斯博士（Dr. Alexander Arguelles）通晓多国语言，他更深入地阐释了内申博士的观点。阿圭列斯认为，每一个语言使用者每天使用的单词是 750 个，而只需要 2 500 个单词你就能表达你想说的任何话（尽管你的有些表达可能会有点生硬或奇怪，但事实就是你只需要 2 500 个单词）。

将帕累托原理应用到我们的生活中，你就可以把你想学的任何一门知识分解成重要的任务和不重要的任务。我们以德语学习为例。

德语学习对于英语母语者来说是一项相当有挑战性的任务。很多语言学习的模式都是从最简单的单词开始："a""the""he""she"等。然后转向学习常用的单词和短语，如"man""window""thank you""library""apple"等。这下你肯定看明白了，学习的重点不一定是你每天可能用到的单词。

回想一下，然后问问自己：除了你最初学过的德语单词，300个最常用的德语单词有哪些？在互联网上很容易找到这样的单词列表，你可以将这些单词拆分成更小的部分，每次练习其中一小部分。

你也可以根据自己学习德语的个人目标来分解步骤。是工作原因还是打算去柏林旅行？或者只是为了能和一个德国朋友进行交流？想好这些问题的答案，可以帮你明确今后的常用语句，找出组成常用语句的单词，并使用前述的单词归类方法将它们分门别类。

再比如学弹吉他时，你能不能找到比其他单项技能更重要的单项技能？这里列举了几项：手指灵活度、识谱能力、节奏感、手的力度把握。面对重要程度不同的单项技能，你花费在上面的时间也是不同的,这样你弹吉他的整体水平就会得到飞速提升。先进行分解,列一个表格,然后找出更能产生多米诺骨牌效应的单项技能。

几乎在所有的实际技能应用中,你会发现只有相对较少的单项技能对主要技能发挥着关键作用。把技能分解开来,缩小你的注意力范围,可以让你取得超出想象的长足进步。一旦你掌握了20%的关键技能部分,就可以在学习过程中学习其他那些非关键性的单项技能,因为并不是所有的单项技能都同等重要。其实,当你刚开始学习一项新技能时,大多数单项技能都不重要。掌握最主要的,并把注意力放在最关键的点上。

找到你的专属学习风格

关于学习的方法大约有150万种,每一种都有倡导者,并有着相应的一套理论。你听说过的学习金字塔[①](Learning Pyramid)可能是其中最臭名昭著的一种,现在它被推翻了。另一种广为人知的学习方法可能是大脑左右半球具有不同功能的神话,比如大脑的右半球支配创造潜能,而左半球支配逻辑

[①] 一种现代学习方法理论,由美国学习专家爱德加·戴尔在1946年发现并提出,此理论缺乏严谨的实证研究,一直存有争议。

思维。这一说法现在已被驳倒。

这些理论被推翻未尝不是件好事，这意味着不管信息以何种方式呈现，它始终只是信息而已，没有必要仅仅为了优化学习效果而使用特殊的公式或技巧。无论信息的获取是通过阅读还是写作，大脑对信息的处理方式并不会有区别。

此外还要特别注意一件事。关于学习方法的理论还是有一些意义的，毕竟取得多少学习成果取决于投入多少精力和专注力。专注力才真正决定了信息吸收率。对于同样的主题，你可以听一堂课，也可以读一本书，但是如果你在阅读的时候总跑神，那么无论你想学什么，上音频课程肯定比阅读的效果更好。

> 大多数人都有在危急关头体会到"极度专注"的经验。学会"专注"，不仅有助于学习和表现，也能提升感受力，发掘日常生活蕴藏的色彩和乐趣。

与其说学习的方法或工具很重要，不如说学习过程中的专注程度才是最重要的，你越专注就学得越好。当学习变得枯燥乏味时，你很难取得学习成果。因此，我们将探索几种不同的

知道做到 快速获取新技能的科学

信息吸收方式。每个人都应该采用对你最有效的方法，无论这方法是一个被推翻了的谬论，还是一个被科学证明了的真理，只要能产生效果，就说明你选择的方法是合理的。

下面我们将讨论两种学习模式，其中包含了多种信息处理方式。第一个是所罗门-费尔德学习风格量表（Solomon-Felder index of learning styles and preferences），该模式创建于1996年，由8种学习方法组成，其目的是用你能使用的各种方式来武装自己，而不是厚此薄彼。也许你会认出一些你已经在使用的学习方式，那么你就要有意识地克制自己，尽量使用另一种不同的方式。

接下来，我们将更详细地讨论这些学习方式，不能因为其中一些方式看起来与其他的相反，就断言你无法找到两种方式之间的联系，或者所有方式之间的联系。

- ☑ 积极型与反思型
- ☑ 感知型与直觉型
- ☑ 视觉型与语言型、动觉型
- ☑ 循序渐进型与全局把控型

积极型与反思型。积极型学习者通过实践获得知识。他们不断地与所学知识进行互动,将所学付诸实践,或与其他人交流,向他人解释或是与其辩论。反思型学习者更喜欢在付诸行动之前,先在心理上分析和整理要学的内容。简而言之,积极型学习者会说:"我们来做点什么吧!"而反思型学习者会说:"我们先仔细考虑一下吧!"

以做木工为例。积极型学习者会先备齐所需材料,看一些基本说明,然后开始制作一张桌子。他们反复进行试验,修整木材表面、切割,再将木材整合起来,边做边看是否合适,在制作过程中他们学到了很多东西。反思型学习者却不一样,他们可能会在阅读说明书后停下来,从几何学的角度考虑制作策略,研究该使用哪些种类的油漆和色料等,他们在动手前进行大量思考,使得实施计划能够更加稳妥、可行。只要这种预先的深思熟虑不会致使工期无限拖延,让人无法接受,那就没什么问题。

感知型与直觉型。这组学习方式也就是人们通常所说的"细节导向型"学习者和"大局导向型"学习者。感知型学习者着眼于信息、记忆和传统的学习方式,本着务实的态度,关注学习中的具体元素,喜欢逐条列出事项并遵循既定的问题解决程序,密切关注细节部分。

直觉型学习者更关注某项技能的效果、联系和潜力。直觉型学习者通常富有创造力,喜欢另辟蹊径,并且注重概念之间的关系。他们并不总是在意细节，可能会更频繁地犯错误，但他们对手头的任务目标有着更深刻的理解，使他们的观点至关重要。直觉型学习者更善于运用抽象思维。

例如，在进行 web 程序开发时，感知型学习者会关注代码的所有细节，严格检查每一行，及时发现错误，进行适当修改。他们对脚本的细节一清二楚，并且知道如何快速修正错误。直觉型学习者则更关注这些应用程序和代码如何才能协同工作，各个细小部分如何关联才能实现服务主要任务的目标。感知型学习者关注 HTML 代码、JavaScript 和单独的可执行组件；直觉型学习者脑海中却是一幅在线商店程序各个部分联动的图画，他们思索的关键是如何使各个部分同步运行起来。

视觉型与语言型、动觉型。这三种学习方式的区别在于信息呈现方式上的差异。视觉型学习者，如字面所说的，对图片、图表、图形、素描、电影、现场演示和其他视觉友好型的媒介有敏锐的反应。视觉型学习者主要通过观察事物进行学习。视觉型学习者如果学的是社会学，就会对人口分布图表充满兴趣；如果学的是烹饪，就会很好地理解制作炸鸡的视频课里所讲的内容。

语言型学习者可以细分为两种不同类型：听觉型和读–写型。听觉型学习者往往通过听和说进行学习，比如听一堂课或者参加小组讨论。当一位充满活力的教授讲述滑铁卢之战的故事时，听觉型学习者就能掌握得很好。读-写型学习者将注意力集中在书面文字上，通过书刊、研究报告和文稿等来保存信息；而书面报告或总结也是他们描述所学内容的首选信息输出方式。相比听觉型学习者，他们更愿意通过读一本书来了解拿破仑在滑铁卢的惨败。其实，听觉型和读-写型的学习者都非常重视文字在他们学习过程中的作用。

动觉型学习者做事情依赖于运动。动觉型学习者学习时需要运动，是因为他们的主要记忆方式是肌肉记忆。动觉型学习者擅长手眼协调和对物理时间的把握，并且反应迅速，所以动觉型学习者往往擅长体育运动、舞蹈和其他与肢体运动相关的技能。但如果老师独具慧眼，就可以指导动觉型学习者更好地学习许多智力科目，比如鼓励动觉型学习者绘制他们所学知识的图表或草图（让他们的手动起来）。

循序渐进型与全局把控型。这一组学习方式与上文所说的感知型与直觉型是并行存在的。循序渐进型学习者注重顺序和逻辑序列。他们以线性的方式获取知识，每次掌握一部分知识，每一部分知识都是先前知识的合理延伸。循序渐进型学习者习惯按照次序来解决问题，稳步推进。

全局把控型学习者往往缺乏条理性。他们喜欢在学习过程中随机应变，却不一定能够描述他们所学科目的细节。全局把

知道做到, 快速获取新技能的科学

控型学习者喜欢跳跃式学习，由一个学习主题跳到另一个主题，常常无法理解每个主题最初的关联性。但不知何故，他们最终也能学会。他们天生偏爱以随机的方式来学习，这使他们的思想在各个学派的知识之间形成特殊的关联，这反过来又使他们能以意想不到的方式解决更错综复杂的问题。

例如，在学习如何成为一名演说家时，循序渐进型学习者希望能逐步地提升技艺。他们一次只会主攻一个方面：写演讲稿，调整声调，使用手势，审视听众，让每个方面都按照逻辑顺序开展，一次处理一个。全局把控型学习者则会不假思索地投入实践中。他们会积极参与公众演讲，从总体上分析自己的综合技能，逐步微调各个方面，也可能同时调整几个方面。通过积极地对学习进行规划，你将会占据取得成功的有利位置。综上所述，能让你在学习时保持专注的方法都是好的学习方法。

接下来，让我们将目光转向学习金字塔。作为一种众所周知的利用视觉辅助学习的方法。学习金字塔根据学生使用每种学习方式能记住的知识量来对学习方法进行排序。

学习金字塔理论指出学生在学习某项知识的两周后，能记住 5% 的听讲内容、20% 的声音或图片内容、75% 的实际演练内容等。学习金字塔整体又分为被动学习模式和主动学习模式两大类，被动学习包含听讲、阅读、声像学习、现场示范四种

方式，主动学习包含小组讨论、实际应用和教授他人三种方式。

当然，学习金字塔只是理论上的方法，许多教育专家都对它的普遍适用性提出了质疑，至今也没有科学研究可以证明学习金字塔是对学习方法的准确概括。不过我还是喜欢学习金字塔这一假说。在学习金字塔理论的阐释中，似乎也没有极其错误之处，而且我也认为综合不同的学习方式是一个非常好的办法。同样道理，这归结起来无非是为了让你保持专注和投入。越是主动参与的学习方法，越会让你投入其中。你如果把学习金字塔中的所有方法都充分利用起来，就算你只是为了满足好奇心，你也一定会更有效地吸收信息。

下面是对学习金字塔每个层级的解读。

听讲（保持率 5%）。对记忆作用最小的学习方式就是听一名老教授站在讲台上讲解知识。随着教学技术的进步，这种学习方式变得越来越微不足道了。有人说这完全是在为逃课开脱，我不这么认为，因为传统听讲的学习方式确实收效甚微。

在某些特定的技能学习领域，可能传统听讲模式在很多时候仍然是必不可少的组成部分。比如，一位瑜伽老师给学员讲解瑜伽精神的起源，或者一名车行师傅讲解汽车引擎的工作原理。一般来说，关于某项技能的理论讲述通常发生在课程的开始阶段。了解一定的理论知识是有帮助的，但这只能帮助我们熟悉一些背景知识、增加一些浅显的了解。

阅读（保持率10%）。毫无疑问，阅读某一主题的图书，尤其是关于你所学技能的图书，是非常重要的学习方式。你可以找到很多包含有价值的信息的出版物，比如讲解木工技术、自卫术、房地产谈判战略等方面的图书，甚至是与渔业和园林绿化相关的期刊。对于一名学习者来说，掌握大量信息总比没有信息要好。但是世界上所有的阅读本身并不能帮助你掌握一项技能，你还需要把所学内容付诸实践。尽管阅读被定义为"被动学习"中的一种方式，但是你需要把阅读的材料与自己的想法、观察和生活经历联系起来，使阅读尽可能地变成主动学习模式。这一点对所有的阅读都适用。

声像学习（保持率20%）。这是指通过观看、收听你感兴趣的主题的相关节目来学习相关知识，比如一些想提高辩论技巧的人去收听介绍政治辩论的有声读物，一些想学做饭的人观看YouTube上的烹饪演示视频，这些都是人们在生活中进行声像学习的例子。

现在你可以通过手机、笔记本电脑甚至是汽车来获取大量的声像资料。像Udemy和Coursera这样的在线教育网站都能提供非常系统的声像学习资料，供你学习使用。我感觉被动地听和看的效果或许比不上主动阅读，但无论如何，Udemy和

Coursera 作为提供在线课程的平台，其课程质量还是不错的。实际上，学习一门技能就是去学习操作一件事，所以观察别人的操作是有益的，毕竟直接模仿比主动创造容易得多。

现场示范（保持率 30%）。这等于是对你要完成的某项任务进行现场演示，比如超市里的烹饪演示，电工课上老师焊接电线的示范。示范是个人私教和成人课堂的核心组成部分。现场示范肯定比预先录制的声像资料更让人记忆犹新，因为一切就发生在你面前，你还可以向演示者提问。示范是教学和训练的重要组成部分，因为有人先教你如何做一件事情，然后你再自己去做。

小组讨论（保持率 50%）。这是学习金字塔中主动学习模式的第一种方式，可能是一群园艺师讨论如何从头开始打造一个菜园，也可能是一帮学西班牙语的学生互相练习口语。在小组讨论中，你们可以交流观点、想法和经验，当你有不解时也能及时提出。例如，在一个写作小组讨论不同的作家如何描述同一主题的过程中，其他人可能会提出一些你从未想过的问题，从而激发你的思考。

特别值得一提的是，与不同学习水平的人讨论你所学的某项技能会更有助于你掌握该项技能。因为这些人的水平参差不齐，在教一个对你所学技能不太熟练的人时，你会先整理自己的思路，这个步骤能让你明晰对该项技能的认知。同样地，当你讨论的对象是比你学得更好的人时，你的收获就更大了。这些都是与别人进行讨论的益处。

实际应用（保持率 75%）。你可以钻到汽车引擎盖下去修汽车、爬到树上去建造小屋、编织毛衣、为别人演奏钢琴等。事实上，自己动手完成一项任务才是逐渐掌握技能的最有效的方法。这些例子都展示了如何在实际生活中演练所学的技能，而不是仅从理论上去谈论。

在实际应用中，你能更好地理解你所学技能的真正用处，也能更直接地学习舒缓压力和解决问题的方法。世界上所有的阅读和听讲都比不上实际应用。

教授他人（保持率 90%）。学习金字塔理论认为，从某种意义上说，保存你所学知识的最好方法是使自己成为一名老师。这可能是你作为一个登山者讲授自己的攀登经历，或是你开通一个博客传授自己正在使用的电影制作技术。通过口头讲述自己的经历，你既可以让别人体验你的经历，也可以让自己保持印象深刻。

当你清楚地讲述自己使用的方法和获得的经验时，你能迅速梳理出自己已经掌握的部分和未掌握的部分。当你意识到这些问题并加以解决时，你已经比刚开始时更有效地组织了自己的思想。

毫无疑问，教授他人是参与性最强的一种学习方式，在教授过程中你不断地与新信息进行主动的互动。就像自己解释给自己听的费曼技巧一样（在之后的章节中会进行介绍），教授他人不仅能让信息深深植根于你的脑海中，还迫使你去了解自己真正能解释什么和不能解释什么。讲给自己听是很好的学习方式，而讲给他人听是更好的学习方式。

教授他人会暴露你在知识上的欠缺之处。教授他人和向他人解释并非只是泛泛而谈，不能只说"是的，我知道这是如何运作的，所以这一步我们可以跳过去。"如果你要向他人解释一个过程，你必须知道每个步骤是如何进行的，以及一个步骤与另一个步骤之间是如何联系的，你还需要回答与所教内容相关的所有问题。

教授他人本质上就是对既有知识的一种考验，可以让你的知识储备量一目了然。如果你不能向别人清楚解释如何应用你教的内容，那就说明你自己也没有习得这些知识。

以摄影为例，根据学习金字塔理论，通过阅读和听讲学习，保持率只能达到15%，这是有道理的，因为你从教科书或课堂中获得的摄影知识也只有这么多。通过声像资料和别人的示范，你或许可以感受到不同拍摄角度下的视觉差异，但使用计算机编辑图像对摄影和图片处理更有帮助。一个关于摄影的小组讨

知道做到 快速获取新技能的科学

论可能会让你灵光闪现,但花时间练习拍照和冲洗照片会给你留下更深刻的印象。

现在让我们来看一下学习金字塔底端(也可以说是金字塔顶端,这取决于你的视角),该部分讲述的是教授他人。你给别人讲解摄影的基本知识,包括摄影的原则、类型和总体注意事项等。从理论上讲,你是在掌控学生们学习金字塔的所有上端(或下端)部分,并用你的摄影知识对他们进行指导。这一过程甚至都不包括你的课前准备时间。

这些教学活动对你非常有利,因为这个过程会激活你大脑中曾学过的知识。这种从大脑中提取而非机械地塞入知识的方式,在学习课本知识、掌握新技能等任何类型的进步中都是极其重要的。

这正是学习金字塔顶端的学习情形。你在已学的知识中进行提取,解释,重新梳理,以教授他人,让别人理解和学习。这反过来也会巩固你的知识,加深你的印象。

所以你会惊喜地发现,通过一种简化或浓缩的方式对所学知识大声地进行解释和推导,你便有了更深的领悟。教授他人迫使你将所学内容理解透彻,并告诉别人如何去重复这一过程。你会发现教学与解释理论、概念是完全不一样的。

无论是学习金字塔理论,还是所罗门—费尔德学习风格量表，我们都可以将其有机结合起来，使它们发挥积极作用，让学习过程变得有趣，最终加深我们的理解，加强我们对技能的掌握，增长我们的才干。

譬如你想学习做寿司，可以先看一些烹饪方面的图书，了解和寿司相关的理论和历史。然后在 YouTube 上找一些视频，观摩寿司的制作过程。之后再看看纪录片《寿司之神》（*Jiro Dreams of Sushi*），它讲述了一位伟大的日本寿司厨师的日常生活。任何想做好寿司的厨师都必须参加培训、观摩现场演示。毫无疑问，你也会在课堂上进行实际操作，你还可以和班上的其他人讨论寿司制作技巧。

当积累了足够的经验之后，你就可以尝试教你的朋友们做寿司或是录制寿司制作视频了。将这些不同的活动组合到一起，形成一个条理清晰的方案，能够确保学习的有效性，帮助你最终习得新技能。

无须准备就绪，在实践中学习

收集将会使用的学习资源是完善学习计划的重要组成部分。这个过程的实际操作其实比你想象的更困难，因为此时的你还不知道该信任谁的说法。

知道做到 快速获取新技能的科学

专家的说辞可能更容易让人信服，可是除了名片上的头衔之外，是什么让他们成了专家呢？可能你会遇到一位名副其实的专家，但到底是什么使他们善于传授技能、传播信息呢？难道是因为他们聪明睿智、口齿伶俐？但如果他们的某个观点只有极少数人认同呢？

因此，我们在收集所学知识的相关资料时应该多花些时间、精力以及金钱。我们还可以利用指导手册、线上教程、线下课程、图表等一系列的资料。

可能你会问，这些资料都需要收集吗？当然不用！所以你需要先做一些初步的研究，把你的寻找范围收缩到最小。你在寻找资料时还应该关注信息的可信度、接受度和清晰度。在读了一些资料之后，你会发现有些内容反复出现，有些内容无关痛痒。你需要慢慢学会筛选真正有价值的信息。

研究是一个循序渐进的过程，需要遵循一定的方法。如果能认真地、正确地执行下面的五个步骤，你一定会大有收获。实施这五个步骤的关键在于一个也不漏掉，完成之后，你将学会运用多种视角理解概念。

第一步：收集信息

第一步是对某个主题进行大量检索，收集你能找到的各种信息。在研究的早期阶段，不要太挑剔。从你能想到的任何地方尽可能多地获取信息。想想你在谷歌浏览器上搜索某个关键词，会是什么样子？你可能会搜出10页甚至更多的结果，然后你再去点击每个链接。

这样做并不是为了立即找到答案，而是为了对你正在研究的主题有一个初步的、总体的了解。所以不要限制自己的大脑，要打开自己的思路。之后将收集的信息分为"一般主题""论据""论点"三大类。你可能觉得现在比刚开始时还要困惑，其实这是好迹象，也是正常现象。现在，一切信息都摆在你眼前了，有浅显的，也有深邃的；有明确的，也有模棱两可的，这正是收集信息的价值所在。

第二步：过滤信息

既然你已经得到了所有需要的信息，那么就到了辨别信息的性质、内容和质量的时候。这一步可以将你要学习的信息总量减少75%，甚至更多。

同一个主题在不同的信息渠道上有着不同的呈现方式。有些渠道提供准确直接的数据，有些渠道提供相关的叙述或传闻，还有一些则提供评论性的意见或理论。有些信息来自你所学领域的官方权威机构，有些来自书刊、大众传媒、相关团体或协会，还有些却来自一些固执己见的个人博客。这些博主通常只对某些特定的主题感兴趣，但他们大多缺乏专业知识。无法避免的是，你收集的信息里往往还掺杂了一些虚假信息。

过滤信息的目的是取其精华，去其糟粕。质量可靠的信息资源用翔实的数据、确凿的事实和严谨的论证来支撑其观点；不靠谱的信息资源通常更喜欢通过渲染情绪、运用夸张手法来说服别人，甚至采用错误理论和错误数据来实现说服的目的。

所以不要混淆传闻和证据，即使有大量的野史逸事，传闻也只是传闻而已，毕竟以讹传讹就是这样开始的。

在过滤信息的过程里，你会注意到收集的资料分属于不同的类别。你会看到这些信息的发展趋势，会辨别出哪些是最常见、最受认可的观点（大多数），哪些是最罕见、最不寻常的观点（少数），哪些又是来自疯子的胡言乱语（疯话）。

经过这一步骤，你将学会分门别类，并且留下最可靠、最有用的信息。

第三步：寻找规律和重合之处

当你查阅所有的信息时，你会注意到一些重复出现的"一般主题"、立场和想法。有些观点会非常频繁地出现，而有些观点可能只出现一次，从表面看起来好像一切都是随机的。渐渐地，你能梳理出所研究主题的主要观点、次要观点以及主题范围，还能在看似不相关的内容之间找到关联和重合之处。

到了这里，你能理清所学主题的主要组成部分和最流行的思想和理念。一般来说，大部分可靠的信息资料都会提及相类似的观点，所以遇到这种情况时，你就可以大胆地假设这就是主题中最主流的思想。如果你发现同一观点被多方意见重复讨论，那么它是一个好的迹象，说明这一观点就是主要观点。同样地，如果你发现某一观点很少被该领域的知名人士提及，或者与主流观点相悖，你就可以判断它是不合时宜的了，当然也可能是因为该观点太超前了。

我并非强调罕见的或另类的观点就一定是错误的，而是强调你要做出更明智的判断。如果某种结论的论据只有一篇孤立的资料，那么即使有"追随者"同意该观点论述的一切，他们讨论的东西也是站不住脚的。

在完成这一步骤之前，您应该已经了解了主要观点的内容和背景，以及次要观点的内容。如果你能够独自完成这一步骤，那你就比其他人更有可能成为该领域的专家，因为大多数人都卡在了这一阶段。如果你也在这个阶段停了下来，不再前进，那么你就有可能在看待事物时带着偏见，但又自以为是，意识不到自己的无知。

第四步：征求不同意见

来到这一步时，你的头脑里已经有了一个理论或观点，你也已经学会了用精心筛选的论据来支撑自己的观点，所以是时候找一些与你看法相左的资料了。这也是相当重要的一步。如果你不知道对立观点，那就无法从整体上对该主题进行全面思考。所以不管你对自己的观点有多确信，都试着去找一个相反的观点。

不要害怕与自己唱反调，要敢于质疑自己的观点。如果你和自己的理论发生了小小的争论，这正是你放飞想象力的好时机。模拟所有可能会遇到的场景和情况，你的理论也就得到了检验。

征求不同的意见之所以重要，是因为这样可以帮助我们跳出先入为主的思维陷阱。我们人类往往喜欢只听我们想听到的、只看我们想看到的，只接受能够佐证我们想法的信息，这就使人们只看重支持自己观点的意见，而忽略反驳自己观点的有力证据。所以先入为主对研究没有任何帮助，要想避免先入为主，就要充分留意相反的观点和不同的声音。

完成了征求不同意见这一步，经过反复思考的你可能会得出一个周全的、缜密的结论，并且这是个没有被谬论或错误信息误导的、经得起推敲的结论。你会更全面地理解自己的观点，能理解他人持有不同意见的原因，也能清楚地说出坚持自己观点的理由。

第五步：综合考量

这是你在完成了以上所有步骤后才能进行的一步，而不是采用简单的"先开枪，后问话"的处理方式。此时，你能清晰地说明自己的观点，可以向他人解释该观点的所有方面。就算是你刚开始涉足的新知识领域，你也可以自信地写出、说出相关的内容。这里有一个简单的方法可以帮助你对知识进行总结：既对各方面因素进行全面考虑，也不忽略细微之处。"出现X、Y、Z的原因是……，而出现A、B、C是由于……"如果你还不能做到这一点，那你可能需要在这个过程中倒退一两步了。

其实当你能够区分可靠的信息和不可靠的信息时，你就已经克服了研究阶段中的最大问题。但你可能会遇到下一个问题：感觉自己获得的信息永远都不够。就像龙喜欢收集金币一样，此时收集信息变成了你的一种喜好，你成了一个信息收集迷。大多数人都容易掉入这个陷阱。但值得庆幸的是，停止收集信息还是比认真学习容易一点。

你要清楚自己永远也无法知道所有的一切。在学习一项新技能的过程中，你到了某个阶段就必须终止或暂停吸收知识去

知道做到 快速获取新技能的科学

开始实践，因为学习知识和运用知识完全是两回事。

对你而言，即使有些时候你认为自己掌握的知识还不充分，你也需要挣脱思维的禁锢勇敢地去实践，因为成功意味着在适当的时机采取适当的行动。就像你在踢足球时，不必在了解每个站位的来龙去脉之后才开始训练；也像你写作时，无须在完全理解莎士比亚的著作之后才开始动笔，这都是一个道理。不要害怕现有的知识不够而在实际操作中遇到困难。相对于纸上谈兵，身体力行会让你学到更多，更何况很多问题都需要亲手操作才能找出答案。

实际生活中，我们大多数人都习惯于当知识的消费者，但反其道而行之，当知识的生产者才是更好的选择。知识生产者向前迈进的意愿发自他们的心底，而不是来自外部环境。所以知识生产者采取行动是因为他们知道自己的内心有一些想法，无论这些想法有多么不成熟、多么不明确，他们都可以继续前进，无须等待一切外部因素准备就绪。这种心态有利于让人们付出行动，并能帮人们打消消极的借口。其实最让人意想不到的是，在实践的路上，你一直都在学习。

快速获取新技能 Tips

Tip 1

为了取得最佳的学习效果，可以将复杂的综合技能分解为多个单项技能。这会在心理上对你有所帮助，因为完成一系列小任务总比完成一项重大任务容易一些。这也能让你更合理地利用时间，因为在技能分解后，你就能找出对整体技能影响最大的单项技能，从而对其多花精力和时间。"二八定律"就是对该观点的最好说明，就如语言学习一样，大多数日常对话只会用到最常见的几百个词语。

Tip 2

乐于学习，并将不同的学习方式有机地结合起来。尽管许多学习方法的理论还未得到科学证实，但只有当你花费足够的精力并保持足够的专注时，学习才能取得良好效果。不同的学习方法

知道做到 快速获取新技能的科学

适用于不同的人，但拥有多种不同类型的学习方式以备用，也是不错的选择。我们讨论了两种模式：学习金字塔理论（听讲、阅读、小组讨论、现场示范、实际应用、教授他人）和所罗门—费尔德学习风格量表（积极型与反思型、感知型与直觉型、视觉型与语言型、动觉型、循序渐进型与全局把控型）。

Tip 3

　　制订学习计划的最后一个方面（对某些人来说，这或许是主要方面）是学会有效地收集、筛选资料。因为并非所有的资料都是同等重要的。这包括 5 个步骤：收集信息，过滤信息，寻找规律和重合之处，征求不同意见，综合考量。在此阶段，许多人卡在信息收集阶段止步不前，从而影响了整个学习进程。我们要清楚自己的认知永远是有限的，必须有意识地选择在某个时间停止学习，投入实践。

第 3 章

THE SCIENCE OF RAPID SKILL ACQUISITION

4 种练习法，系统把控技能学习进度

训练出最适合学习的大脑和身体

时间和信息的碎片化使得人的思维也逐渐碎片化，难以记忆知识。学习和复习的时候，往往再从第一页，第一行，第一个字开始看起。专业学习力不从心，简历上的个人技能也填得心虚。系统的思维方式要靠系统的练习方法，主动练习进行测验，倒逼成果，技能学习更扎实。

人生中值得去做的每一件事，都需要练习。事实上，生活本身不过是一个漫长的练习过程，需要一种永无止境地优化各种行为的努力。

第 3 章 | 4 种练习法，系统把控技能学习进度

你已经准备好开始更积极地提高技能了。你制订了计划，收集了资料，知道自己要做什么，那接下来唯一要做的就是付出行动。这看起来像是学习过程中最简单的部分，只要付出行动、进行练习就行了。你可以这样理解，但仍需勤奋用功。

接下来我们将研究如何形成规律性的活动，如何获得自我意识，如何了解你的盲点和缺点，以及如何让信息有效地存储在你的大脑和肌肉中。只要你遵循本章提出的指导原则，行动就会得心应手。

首先要强调的是，我们应该把和练习、演习、学习相关的所有事都当作自我测试来进行，而不是漫无目的地复习和强化，这样才会更有效。主动复习（自我测试）和被动复习（重复和反刍）两者之间的效果存在很大差异，这也是教学卡片在学习中起作用的主要原因之一。

知道做到 快速获取新技能的科学

2008年，普渡大学（Purdue University）的杰弗里·卡尔皮克（Jeffrey Karpicke）的一项研究引起了很大反响，该研究通过观察一组学生的词汇学习情况来探讨主动复习的作用。研究发现，采取主动复习方式的学生能够记住80%的生词，而采取被动复习方式的学生只记住了34%的生词。似乎学习的过程总要经历困难，然后想方设法去解决，最终才能取得成功。练习的时候要牢记这一点，能够做到这一点不是一件容易的事情。如果你感觉很轻松，那可能就无法达到你想要的效果了。

所以，我要说的第一点就是如何重复最难的事情并进行练习。

刻意练习：专攻问题区域

进行有意识的练习是你向获取新技能真正迈出的第一步。

进行有意识的练习能确保学习的目的性和系统性。传统的练习可能包括重复和机械记忆，但有意识的练习需要集中注意力，并以提高整体表现为具体目标。这是因为人类大脑喜欢将重复的行为转化为下意识的习惯，因此我们必须确保自己的每一个动作都是高质量地完成的。

例如，第一次学着系鞋带时，你就必须非常认真地思考系鞋带的每一个步骤。如果你在一开始就学错了，再想改用正确的方法就变得异常困难。随着时间的推移，你系鞋带的时候再也不会去想步骤，因为这已变成了自然而然的习惯，每一步都已实现自动操作了。但你仍须改正这个错误，不然鞋带系得快，散得也快。

要想有意识地进行练习，首先要把综合技能分解成相对简单的单项技能，这是你在上一章已经熟悉了的内容。下面要讨论的练习方式不同于你曾经做过的任何其他练习，这绝不是简单的"练几次，看看哪方面出了问题"。当然，这其中出问题的部分（无论是一项技能的某个练习阶段，还是一直记不住的某个主题）也是你应该关注并加以反复练习的重点。

在学习中进行有意识的练习并不难，只是有些枯燥乏味，并且还需注重细节。计算机科学教授卡尔·纽波特（Cal Newport）介绍了他自己掌握离散数学的方法。离散数学作为数学研究的一个分支，最简单的概括就是研究如何为理论寻找证据。纽波特购买了大量的白纸，然后把老师在每堂课上讲的一个个"命题"都抄上去。

纽波特经常独自在教室外整理证据材料，当遇到不懂的概念时，他就通过教科书和网络进行查询。用他自己的话说："看看我是不是能理解自己写下的东西。"大多数情况下，这个过程能使纽波特确保自己理解了问题；如若不能理解，纽波特则会请教他的老师。

知道做到 快速获取新技能的科学

在课程接近尾声时,纽波特已经积累了大量的手写证据材料。他对证据材料进行"积极的复习",把证据材料分为"不费吹灰之力就能记住的"和"需要深入研究才能理解的"两种。他不断地研究那些存有疑问的地方,并进行全面的复习,直到全部理解为止。就这样,纽波特不仅在期末考试中获得了第一名,而且拿下了整个课程的综合成绩最高分。

这就是有意识的练习的典例:对整体内容进行检查,找出问题区域,积极、反复地钻研,并不断测试自己的理解力。正如纽波特一样,先找出自己的不足,然后竭尽全力去攻克,最终确保自己的理解无误。当你将提高自己的技能定为总目标时,练习也就变得清晰明了了。最薄弱的环节决定了你的总体实力,所以必须首先攻克薄弱环节。

还是以我们熟悉的弹奏一首新钢琴曲为例。弹奏时,你在中间的几个小节出现了双手不协调的情况,普通的练习可能会让你跳过困难部分接着弹整首曲子,毕竟其他部分你都弹得很好。这或许是我们大多数人的做法,但这并不是最佳的时间利用方式。进行有意识的练习要求你放下所有其他的东西,专攻自己的弱点,直至弱点被攻克为止。这需要对一项技能的每个组成部分进行分项练习,确保每个组成部分都达到标准,只有这样,才能真正学会一项技能。大多数的技能都可以通过这种强化训练来掌握，通过有意识的练习，没有什么是你学不会的。

有意识的练习最忌讳漫无目的和为了练习而练习。反复练习一项技能的最大陷阱在于，我们会因为自己花费了时间就以为自己取得了进步。事实上，我们的练习可能只是在强化之前的不良习惯，而不是改正缺点、提升技能。不能把重复和提升混为一谈，这两者是完全不同的。进步需要一定的重复，但一味地重复在学习技能的过程中毫无意义。

> 以完全相同的方式一而再，再而三地做某件事情，并不是提高绩效和表现的秘诀；它会使人们停下前进的脚步，并且缓慢地下滑。

有意识的练习还有如下的一些注意事项：

每次练习的时间。无论你相信与否，你都有一个最适当的练习时间量。许多研究表明，我们每天的精力呈现出周期循环的趋势，这反映在 90 分钟的快速眼动睡眠期。但一次练习或学习的完美时间对每个人来说都是不一样的，所以别练习太久，以防太疲倦而产生厌烦情绪。但练习的时间也不能太短，要将

知道做到 快速获取新技能的科学

时间控制得刚刚好，让自己不至于感到无聊，也不至于感到"太舒服了"。最有效的方法就是在你变得松懈之前就停止练习。

给肌肉什么，肌肉就记忆什么。换言之，肌肉不会区分哪些练习好、哪些练习不好，肌肉也不会区分好习惯和坏习惯，肌肉只会记住自己接触到的东西。好的或不好的都被肌肉同等记忆，这就是很难纠正错误肌肉记忆的原因。完美的练习才能成就完美的技能，所以这一点综合了之前所说的每一点：慢慢学习，好好练习，在动作出现偏差之前停下来。

同样地，放慢你的学习速度。慢慢开始，慢慢学习，始终保持耐心。当你的学习速度放缓时，你就把自己放在了距离成功最近的位置上，因为这时你将每件事都做得准确而精细。如果你在初学时就没有养成慢慢学习的习惯，你会发现之后便很难做到，因为你没能充分地学习其中涉及的环节。所以，先慢慢地学，等你熟练了之后再加快节奏，一定不能着急。

耐心。好像需要再次提醒你保持耐心。学习一项技能不是挥动球拍或是理解为什么手指应该以某种方式活动这么简单。学习技能是一个培养肌肉记忆的过程。研究表明，掌握一项较简单的技能大约需要重复 1 000 次，较复杂的技能则需要重复 30 000 次。假设你每天弹 1 小时的钢琴，弹奏的曲子又比较复杂，你在 1 小时内可以练习 20 遍。但如果你打算弹 1 000 次，那么无论怎么高效利用时间，所耗时间都不会太短。所以要尽可能地保持耐心，设定好自己的期望值。

交替练习：交替学习莎士比亚、数学和非洲历史

这种练习方法与你以往认为的好方法大不相同。我们总是喜欢把时间花在不间断地学习一门课程上，这种观点就像"先吃正餐再吃甜点"一样深入人心，但这并不是大脑或肌肉记忆信息的最佳方式。

不间断地学习或练习一项技能，要求你必须在学成了前一项技能之后，才能学下一项技能。如果将学习时间单位用字母序列表示，那就是 AAABBBCCC。

交替练习的顺序与上述不同。交替练习是把几项相关技能的练习结合起来，放在一个学习时段里去练习。如果一个传统的学习过程看起来像 AAA，那么交替练习的过程看起来就像是 ABC。

例如，初学代数的学生可能需要学习幂、图表和根数，但他们不必在一堂课上只学习一个概念，而是可以一开始学习幂，接着学习图表，再学习根数，之后再回过头来学习幂。学习莎士比亚时，也可以将莎翁的喜剧、悲剧和历史剧进行交替学习。甚至可以再进一步，在一堂课上交替学习莎士比亚、数学和非洲历史。

知道做到 快速获取新技能的科学

乍一看，交替练习似乎是一种偶然的、随性的学习方式，大脑接收信息的过程被频繁地打断，似乎无法合成一个最终的想法。但研究表明，交替学习对大脑的学习和认知更有效。它的优势令人惊讶：在学习效果和记忆效果方面，交替练习比整块时间学习单一内容高出了43%。这有几个原因：

首先，交替练习将学生推出了舒适区。记住，练习越难，学习通常越有效。

其次，交替练习会帮助你打破熟悉的、固化的学习模式。这种干扰将迫使你更多地练习主动回忆，你无法被动地回顾信息。

最后，这也许是最重要的一点，在概念或问题之间建立联系将巩固学习成果。学生通常会认为概念或技能是相互独立的、自成一体的信息单元，与其他信息没有明显的、必然的联系。但我们越能将新信息或新技能与我们已知的事情联系起来，就越能理解、记忆这些新内容。定期的交替练习正好能帮助我们发现这些联系，并让我们找到意想不到的途径，最终更好地记住、学会、巩固我们学习的内容。

交替练习的好处有两方面。首先，交替练习提高了大脑区分概念的能力。如果遇到困难，一旦你知道了解决方案，困难也就迎刃而解。在交替练习的过程中，你的每个操作都与上一步不同，这是死记硬背或机械重复无法做到的。此时你的大脑必须不断地专注于寻找不同的解决方案。这个过程提高了你掌握概念关键特性的能力，从而在无形中帮助你选择了正确的执行指令。

其次，交替练习帮助你将不同的知识关联起来。如果在既定的时间里只学习一项内容，你在一次短期记忆中只需要使用一种学习方法。交替练习则不然，学习内容不同，使用的方法也就不同，因此解决方案会从一种尝试变为另一种尝试，你的大脑会不断地产生不同的反应，并将它们放入你的短期记忆中。再强调一遍，这种更积极、更具挑战性的学习方法，同时也加强了你在不同任务和反应之间的神经联系，从而提升了学习的效果。

要记住的最重要的一点，交替学习并不是一心多用，后者是应该避免的。不要一次性涉猎太多学科，比如同时学化学、英国文学和陶瓷艺术，这样可能会遇到麻烦，也可能会造成混乱。

相反地，交替练习是在一个学习时间段内切换多个学习主题。试着限制自己在既定的学习时间段内要切换的主题数量，一般而言三个就足够了，四个可能对强化训练有所帮助。一旦你进入一个既定的时间段，可以自由地让直觉去引导自己从一个主题切换到另一个主题，并为每个主题的学习时间计时。但对于某些特殊的主题而言，人为的限制学习时间可能导致对该主题的理解不够深入。

即使你交替练习的学科之间没有太大的本质差别，你仍然可以灵活处理。例如，你可以同时阅读英国文学、欧洲建筑学理论和希腊哲学，在这三者之间进行切换也不会出现棘手的问题，这些容易找出关联性的学科尤其适合放在一起进行交替练习。所以可以将艺术理论、艺术技巧和20世纪60年代的波普文化艺术史放在一起学习，这样能够帮助我们在头脑中形成适用于三个学科的共性概念。类似地，学习吉他上的一组音阶，然后进行和弦练习，最后进行同类型的练习，就可以创造一种协同效应。

正如前文讨论的一样，学习中最重要的因素是你的专注度。交替练习有助于保持事物的新鲜感，但也可能因为方法不当，让你在较短的时间内无法集中注意力。所以使用时要慎重！

间隔重复：用高频接触形成长期记忆

间隔重复就是字面上的意思，也称为分布式练习。

为了更好地记住所学内容，需要保持长时间地练习和高频率地接触。

换言之，如果你每天花1小时学习某项知识或技能，而不是在周末的时候学习20小时，无论是获取信息还是掌握技能，你的学习效果都会更好。同样地，相关研究也表明，1天复习20次远不如7天复习10次的效果好，因为1天复习20次实际上就是在死记硬背了。

这对于练习又有什么启示呢？间隔重复是指每天花 5 分钟时间来学习和记忆，效果要比每周只抽出 1 小时好得多。当你把注意力集中在学习的频次上，而不是单次学习花费的时间或者强度上，你就会学得更好。

关注单次学习的时长通常只是为了学习而学习，这往往会对你的目标产生不利的影响。

如果把你的大脑想象成一块肌肉，你会更好地理解这个观点，因为你不能让肌肉一直工作，却不给肌肉修整、复原的时间，你的大脑要在概念之间建立联系同样需要时间。研究证明，睡眠不仅仅是大脑的休息时间，也是大脑神经建立联系的时间，睡眠时神经元之间产生突触[1]连接、树突[2]受到刺激。

如果一个运动员在一次训练中用力过猛，这就像你在学习时遇到难题一样，会出现以下两种情况：要么休息，因为接下来的训练没有任何效果；要么接着练，最终受伤。休息和复原是学习的必要条件，努力有时并不是必需的要求。

所以当你将目光聚焦于频率时，你会突然有一个清晰的思路来组织练习。大多数人在练习时都没有一个详细的计划，

---

[1] 指一个神经元的冲动传到另一个神经元或传到另一细胞时相互接触的结构。
[2] 细胞突起的一种、细胞体的伸延部分产生的分枝，是接受从其他神经元传入信息的入口。

知道做到 快速获取新技能的科学

只是机械地消耗自己的体力,甚至到了精疲力竭的地步。这样做只能说明你很努力,但你没有掌握科学的方法。如果采取间隔重复的学习方法,你既能合理安排练习时间,也能保证练习效果。

让我再举一个你学习起来可能觉得吃力的例子:学习西班牙历史。如果你觉得这个科目很难,那就意味着你应该注意学习的频次,进行定期的重复学习。如果你只关注学习时间的长短,从周一到周日,虽然花费了大量时间,但效果可能并不明显。接下来,我们来看看注重学习频率、合理安排时间的计划表:

周一上午10点　初步了解西班牙历史,积累5页笔记。

周一晚上8点　复习笔记,但不是被动地复习。一定要试着主动回忆这些信息,比起简单地重读和复习,回忆是处理信息的更好方法。这个过程可能只需要20分钟。

周二上午10点　回忆信息,并且尽量不看笔记。在你尽可能详细地完成主动回忆之后,再看你的笔记,看看你遗漏了什么,并记下需要你更密切注意的内容。这个过程可能只需要15分钟。

周二晚上8点　复习笔记。这个过程需要10分钟。

周三下午4点　再次回忆信息,回忆完成后再看笔记，看看这次还遗漏了什么。这只需要 10 分钟。但是要确保不要跳过其中的任何一个知识点。

看看这个时间安排，你一周只需抽出 75 分钟来进行额外学习，但你却完成了 6 次。不仅如此，你还记住了大部分的内容，因为你进行的都是主动回忆，而不是被动地背诵笔记。即使你愿意花更多的时间来全面掌握这个知识点，比如把总时长增加一倍，达到 150 分钟，间隔重复也会帮你大大缩短学习时间。

如果你专注于学习的频次，而不是在学习时磨洋工，那么在短时间内你能完成的事情是惊人的。安排相对较短的时间板块进行学习有助于保持头脑清醒，安排不同的时间板块完成同一项学习任务，也不容易产生倦怠。

如果你能这样做，你就已经为下周一的考试做好准备了。或许将考试提前至本周五下午，你也胸有成竹。间隔重复为大脑处理概念留出了时间，并通过反复接触让大脑建立概念之间的联系，最终推动学习取得跨越式进步。

想想你反复学习一个概念或一项技能时会发生的状况。对于最初的几次尝试，你可能得不到任何新收获，但当你对它越来越熟悉，不再是走过场而是深入了解，并结合它的周围环境进行思考。当你开始把它与其他概念或信息联系起来，你渐渐

知道做到 快速获取新技能的科学

地就能透过现象看到本质了。

间隔重复决不能是漫无目的的，必须是积极主动、全神贯注的，并且要在短时间内做到如此。教学卡片在这方面就非常有效，尤其是当你不断地打乱卡片顺序时。间隔重复也可以帮助你在每节课上对同样的主题进行不同方面的学习，而不是每次都重复相同的内容。这样做会使你从不同角度进行思考，从而对同一主题保持新鲜感。

所有的这些方法都是为了把储存在脑海中的信息从短期记忆变成长期记忆。正因如此，临时抱佛脚或临阵磨枪从来都不是有效的学习方法。但由于缺乏重复和深入的分析，很少有人能形成长期记忆。没有深入的分析和理解，重复记忆就变成了死记硬背，而不是我们所说的间隔重复（死记硬背产生的记忆往往会很快消失）。

希望从此刻开始，你不再计算耗费在某件事情上的时长，而是计算你重复做这件事的次数。把提高复习频率作为你的目标，而不是一味地延长单次复习时间。在理想的情况下，间隔重复和增长单个学习时间板块可以有机结合，但是关于间隔重复的研究资料清楚地表明，在中途适当地休息、给自己调整的时间是更重要的。

间隔重复通常有两种用途：你可以用来进行初步的学习，

第 3 章 | 4 种练习法，系统把控技能学习进度

也可以用来防止遗忘，确保所学的知识存储在脑海里。上面列出的关于西班牙历史学习的时间表主要针对学习的最初阶段，以下的时间表则适用于你已经初步记住信息的时候，它能防止遗忘，也能帮你减少不必要的重复。

例如，将回顾知识的时间定在周一的 12 点、周三的 12 点、周六的 12 点。我们的大脑并不喜欢记住太多东西，而且一有机会就把信息扔掉，所以间隔重复的学习效果要远远优于单独一天内花费大量时间。想象一下花园里的小径，随着时间的流逝，路线已经被遗忘，所以需要多走几次才能记得清楚。这条小径就像你大脑中的一段记忆，需要多重复几次才能一点点记清楚，最后全部牢牢记住。即使少有的几次重复也会产生不同的效果，至少能了解小径的布局和走向。

如果你的时间非常有限，那就记住，学两次的效果要比学一次好。如果你想立竿见影地提高记忆力或技能，那就在一天结束时、睡觉前复习 15 分钟。只有这样才能领先于他人，学得更好。如果你在寻找一个引导自己使用间隔重复、提高学习频率的方法，可以记住以下 4 点：

每天照做一遍我前文提到的关于西班牙历史的学习计划。 一周 7 次听上去挺多，但最后只多用了 1～2 小时。

知道做到 快速获取新技能的科学

这有助于你保持专注，并利用了大脑喜欢的方式来吸收信息。根据自己的学习阶段适当地调整计划（初学阶段还是已经初步记忆了的阶段）。

优先考虑学习的频次。一天至少一次，最好是每天两次。用你学习的频次来衡量（即间隔重复学习的时间），而不是用单次学习的时长来衡量。

每次都要全神贯注地投入到你要学习的内容中去，不要只是敷衍了事。这可能需要你创造不同的、新颖的方式来一遍又一遍地思考同一件事。如前所述，你可以从不同的方面出发，用不同的教学卡片，或是采取不同的阅读方式来重复阅读同一篇文章。重点在于你要改变信息输入的方法。

进行自测。不要跳过一些内容，也不要只是进行回顾、阅读或识别。如果自测的时候感觉非常轻松，就证明学习效果并不佳。

本章的前三节提出的练习方法很可能与你之前理解的大不相同，希望这不会让你感到恐慌，而是让你觉得能够更充分地发挥自己过去没能有效发挥的潜力。

PBL：学习新技能从解决一个问题开始

问题导向式学习法（Problem-based Learning，简称 PBL）可以保证你在学习时全神贯注，但这个方法也具有一定的挑战性。这也是让你对所学内容产生新鲜感的另一个有效方法，并能让你乐于投入时间和精力。

有一个关于金属制造学徒的传奇故事，老师要求学徒们将一块实心的金属雕刻成一件精美的艺术品，并且只能使用手工工具。在学徒们完成了这个乏味的、看似不可能的任务之后，他们也就成了真正的金属制造专家。

著名电影《龙威小子》(*The Karate Kid*)里的宫城先生（Mr. Miyagi）不也是先教他的学生丹尼尔（Daniel）做苦工的吗？但在完成了这些艰苦的任务之后，丹尼尔也学会了空手道。

想要解决问题或达到目标，学习是必经之路。PBL 是指从一个需要解决的问题开始，并在解决该问题的过程中让自己学习。你要完成一个目标，也必须进行学习。这时候，你并不是刻意地去学习 X，而是设定一个可以解决问题的目标 Y，在寻找 Y 的过程中，你也学会了 X。

通常情况下，我们都会按部就班地去接收信息或学习技能。学校经常采用这种传统的教学方式：把学习材料发给我们，让

知道做到 快速获取新技能的科学

我们背下来，然后老师告诉我们这些知识是如何解决问题的。当你自学时，很可能也是这样去学习，因为你不知道其他的学习方法。而 PBL 要求你明确自己已知的知识，然后发现自己欠缺的知识和资源，找出获取这些新信息的渠道，最后找到解决问题的方法。这与大多数学校所教的按部就班地解决问题的方法大不相同。我们可以参考一个例子，是我青少年时期追求女生失败但获得意外收获的一次经历。

在西班牙语课上，我想获得同班同学杰西卡对我的好感，我相信对所有男性来说，这都是一种崇高而强大的动力，这种动力甚至会使我们的生活发生改变。非常幸运的是我的座位就在她后面。我发现她对西班牙语并不是很感兴趣，所以她经常回头向我求助。

最初我被她的眼睛吸引了，但随后我的情绪就低落了下来，因为我意识到自己无法回答她的问题。如果她开始向班上的其他同学求助呢？我决不允许那样的情况发生！

考虑到这一点，我开始认真学习西班牙语，这样她就会有更多的理由继续转过身来和我交谈。因为动力十足，我的西班牙语学得比班上的其他人都好。更重要的是，为了给她留下深刻的印象，我开始查一些晦涩、复杂的短语和单词，自己先理解清楚，以防杰西卡提问。我还制作了大量的教学卡片。开始时，我在每张卡片的背面只写一个单词，但到了学年末的时候，我已经能在每张卡片的背面写三到四个句子了，而且都是纯西班牙语的句子。我的西班牙语成绩最终得了 A+，这是我在高中时代少有的好成绩，但我和杰西卡最终却没有结果。

这就是一个典型的 PBL 学习方法的案例，我想解决问题 X（追求杰西卡），但在这个过程中我却学会了 Y（西班牙语）。

当然，我们首先要做的是仔细思考这个需要花时间解决的问题，接下来你所学的东西才会帮助你实现目标。目标可以很简单，比如学习一个新的吉他音阶；目标也可以很复杂，比如演奏一首难度很大的钢琴曲。由此你可以看出，专注于解决一个实际问题比阅读一本教科书或听一次讲座更有利于学习且更具有教育意义。

自从约翰·杜威（John Dewey）在 1916 年出版《民主主义与教育：教育哲学概论》（Democracy and Education: An Introduction to the Philosophy of Education）以来，PBL 的理念就一直以各种形式存在，直到 20 世纪 60 年代，PBL 才被正式提出。当时的医学院开始用真实的病例来培训学生，这成为沿用至今的医科学习的重要方法。学生们不再死记硬背长篇累牍的理论和数据，而是参与整个医治过程，并通过看诊来获得医学知识，这可是一种完全不同于阅读或记录笔记的肌肉记忆。

应该问病人什么问题？要求病人提供什么信息？对病人进

知道做到 快速获取新技能的科学

行哪些检测？这些检测结果意味着什么？根据检测结果又该制订怎样的治疗方案？一个个问题都在等待医科学生的回答。

想象一下，一个医科学生面对这样一个病例：一位66岁的男性患者来到办公室，说自己最近呼吸急促。在这张空白的病历上，接下来你应该写些什么？除了既往病史、家族病史和社会生活史，你还需知道：症状是什么时候出现的，出现在一天中的哪些时间段，是什么活动导致了呼吸急促，是否有哪些活动使症状加重或好转？想知道这些问题的答案，体检就成了关键，测量血压，听听心脏和肺，检查腿部是否水肿等等。接下来，你还将进一步确定是否需要进行实验室检查或X光检查。根据这些结果，你才能给出一个治疗方案。而这些还仅仅只是一个开始。

让学生把理论方法应用到现实的病例身上，这种学习更实际、更难忘、更吸引人。研究表明，当医科学生的学习是基于解决问题的学习时，就会提高临床诊断能力和疾病治疗能力，学习也随之变得更深入。同时通过对概念进行整合，学生们还能更全面地理解所学理论。因为学生在寻找治疗的方法和方案时，他们以完全不同的方式学习一个概念或一组信息，他们不仅要找到答案X，还要找出得到X的整个推理过程，所以学生要不断地进行深度探索和分析，这样就会加深理解，而不是简单地机械重复。

在这种情况下，强烈的自我激励来自现实生活中的强烈需求,这是人命关天的大事,如果操作有误就会危及病人的生命,绝不是为了学习而学习。在"现实世界"中,通常不会有人为了帮助我们实现学习目标而给我们进行演示,也不会有人特意为我们提供团队合作的条件(至少不会像小学时一样),所以无论我们了解与否,我们都要去解决问题,并且完成既定的目标任务。

下面的几个例子将告诉我们如何找到需要通过进一步学习来解决的问题。

例如,你想改变时间超长的、手忙脚乱的晚餐用餐情况。你想解决这个问题,一方面是为了消除不必要的压力和焦虑,另一方面是为了成为一位名副其实的好厨师。你想解决问题 X(晚餐时的混乱),却在此过程中学会了 Y(如何提高厨艺)。

接下来你会采取什么措施来提高厨房的效率呢?一种方法是实行新的膳食计划,尝试新的食谱和新的烹饪技术。那你对这个问题又了解多少?你的家人每天都需要吃饭,换食谱可能在一开始会比较容易。你需要知道新食谱由什么食材构成,这些食材在什么地方、什么时间销售以及如何掌握更高级的烹饪技术。

你还需要知道什么?你需要一份详细的食谱和配料表,你需要有组织、有计划地安排每顿晚餐的时间(一个日历或许能帮上忙),你或许还想确定自己会获得哪些技能。

为了解决这些问题,你要从哪里获取新信息呢?也许你可

知道做到 快速获取新技能的科学

以先让你的家人分享他们最喜欢的菜肴。接着你在"拼趣网"（Pinterest）上找到相关的食谱。然后你可以列一张购物清单，可以列在记事本里，也可以列在 Word 文档里，你还能直接下载一个购物应用程序。

下一步你需要把将要制作的菜肴记在日历上。当然你也可以在你的电脑上完成这一步，或者你还可以从网上下载一份可直接打印的膳食计划，也可以找到一个相关的美食应用程序。或许你还想尝试外卖，以进一步地节省时间（但这可能导致冲动消费）。总之，你需要制订好自己学习烹饪新菜肴的策略：是阅读相关书籍，还是观看 YouTube 视频，或者是参加烹饪培训班等。

通过制订一个计划来提高你的烹饪技能，这就是在使用 PBL 学习方法解决晚餐混乱问题！你明确了自己已知的东西（想学习的新技能、晚餐改善计划、食谱、购物清单等），找出了你需要解决的问题（提高烹饪技术、找一份可操作的食谱、列出配料表、制作用餐日历等），以及找出了获取信息的渠道（家人、拼趣网、其他各类应用程序、书籍、网络等）。

你不仅为你的家人即将吃到的这顿晚餐制订了计划，还制订了一个每周、每月都会执行的策略。你不仅学习了新的技巧，提高了自己的厨艺，还节省了时间和金钱，此外还提升了家人们的用餐满意度，真是一举多得！

让我们思考一个更复杂的问题。你每天早餐都要吃烤面包片，但你的吐司机罢工了。同时你又一直想学习电子产品方面的知识，并把多年前学到的知识付诸实践。你想解决 X（出了故障的吐司机），但同时学会了 Y（基本的电子技术）。在这个令人气馁的早餐时刻，PBL 又会是什么样子？

接下来明确你已知的信息。你的吐司机坏了；你动手能力强，可能会尝试自己修理；你对电路有一些了解；你真的很喜欢这款吐司机，但这个机型已经停产了。

那你需要做些什么才能解决这个问题呢？找出吐司机发生故障的具体原因；准备一些指导建议以学习超出自己认知范围的知识；准备好工具，以及确定修理时间和修理地点。

在信息收集阶段，你要拆开你的吐司机，找出故障原因。你可以上网或去图书馆找一本小家电的修理手册，你也可以参考 YouTube 上的家电修理视频。当你找出了故障原因，学会了修理原理，并进行了维修，你就可以继续使用你的吐司机了。

PBL 为你提供了一个实用的框架，可以帮助你有计划、有组织地解决问题，让你在迎接挑战、解决困难中学到新技能、得到新信息。你可以把 PBL 看成是一系列的步骤：

第一步：明确你的问题。

第二步：明确你已知的信息。

第三步：列出可行的解决方案，并选择成功概率最大的解决方案。

第四步：将方案分解为一个个行动（列出具体的时间计划通常很有用）。

第五步：明确你需要但未知的内容，及获得这些信息的途径。

PBL 具有明显的优点。不仅能让你更好地记住学过的知识，而且让你有更深刻的理解。虽然 PBL 看起来步骤太多、耗时太长，但从长远来看，PBL 却更有优势，因为你不会随意尝试一个又一个考虑不周的解决方案，一个系统的方案最终就帮你节省了时间和金钱。这也是直接解决问题的好处——你可以直接触及问题的核心。

PBL 可以应用到生活的各个方面。你可以创造性地围绕你想学的内容设计一个问题或目标，这是一种能让你取得高效进展的学习技巧。毕竟，将所学的知识应用到实际生活中去，才能使我们取得真正的进步。

当你面对学习失败的结果时

练习是件辛苦的事情，至少正确的练习是件辛苦的事。

但是，大多数人在练习时都忽略了一个重要的方面，那就是找到正确的练习方式。你的吉他独奏真的有进步吗？你能更快地记住世界上的其他国家吗？你比之前更会唱歌了吗？唱的和以前有什么不同吗？

如果没有教练或老师的帮助，我们大多数人都无法及时获得必要的反馈。这意味着我们要自己完成最困难的任务之一：关注自己。学习从来不会按部就班、一帆风顺地获得成功，不会只出现这种理想情况：你朝着一个方向努力，然后一天天地取得进步，这样重复学习几年之后，最终学成。

在学习和练习的过程中更是如此，对于实现我们的学习目标而言，目的或想法并不是最重要的因素，行动永远比言辞重要，行动才是最关键的因素，但我们有时候就是无法分清想法和行动两者之间的关系。更糟糕的是，我们常常不能充分意识到自身的缺点，但这些缺点又是我们无法避免的。

你们可以参考我在多年前学开车的经历，那是一次险些酿成灾难的可怕经历。我和教练在一条繁忙的郊区街道上开车，以每小时 25 英里（1 英里 ≈1.609 千米）的速度前进，教练让我打信号灯，然后让我并入左侧车道。这是我已经练习过的内容，却是我在公共街道上的第一次实际操作，这无疑增加了难度。我打了个手势，回头看了看左车道的路况，然后小心翼翼地让

知道做到 快速获取新技能的科学

车往左侧移动。就在这时我突然听到一声巨响，左车道上有一辆车！我马上就要撞上了，那辆车就在我的后面，处于我的视线盲区里。

我变得有点神经质，感到非常焦虑，对喇叭反应过度，于是猛地向右转，又差点刮到另一辆在右侧快速行驶的车辆，那辆车也对着我按起了喇叭。值得庆幸的是，我们离刚变成红灯的十字路口只有几英尺（1英尺=30.48厘米）远了。

在这一切发生的时候，我根本没想到车上还有刹车这样的装置。相反地，就在红绿灯变红的时候，我竟然踩了油门，差点撞上一辆急于左转的汽车。就在这个节骨眼上，教练踩下了副驾驶座位下的刹车装置。幸亏有教练在，才能把车临时控制住，不然就酿成大祸了。

这一切发生在短短的 10 秒内。还好车没撞上，人也没受伤。这是我们在自我评价时产生误差的一个原因——你觉得自己忽略的只是学习中的一些小问题，但这些小问题可能导致可怕的后果。所以就算你是和导师或教练在一起，他们会发现并纠正你的问题，你也应该进行自我评价。因为你的教练不可能总是待在你身边，你对自己的检验越全面，你成为业内专家的可能性也就越大。

因此，以下的 10 个问题，供你在学习新技能的练习中评价自己的进步程度和学习效率。我以自己经历濒死体验的例子来说明。这些问题并非适用于所有情况，有些情况或许会有重叠。

失误的原因是什么？ 引发这起混乱事件的最初原因是，我试图向左变道时没有看见身后的那辆车。

你选择的策略或方法是否正确？ 在当时的情况下，有三个连贯的行为构成了我们所称的"策略"。第一，打转向灯，我做到了。第二，回头看旁边的车道，我也做到了。第三，观察驾驶员左侧的后视镜，从后视镜里我可以看见视线盲区内的车辆，我没这么做，这是个大错误。

你在执行过程中犯错了吗？ 在没有观察后视镜之后，几乎所有的后续动作都是错误的操作。我突然右转，差点横在另一辆车的前边，本该踩刹车的时候踩了油门，又闯了红灯。我还差点让一个非常健康的驾驶教练的"心脏停跳"。我右转的幅度太大，并且没有注意轿车周围的环境，总之我在实际操作中犯了太多的错误。

当时正确的做法应该是什么？ 这是驾驶教练问我的问题。显然，我应该先看看后视镜；在出现问题后我应该保持镇定；当我右转时，我还应该像踩油门那样迅速

知道做到 快速获取新技能的科学

地踩刹车。这一系列动作就像是做了错误决定后的连锁反应。

你有没有遗漏什么警示标志？ 视线盲区内的车是个意外，所以可以说在这起事件中没有明确的警示标志。但我确实没看后视镜，这实在是一个严重的警告。如果你还想问："请本着严谨、诚实的态度回答，你在事发前是否有任何疑虑或担忧？"我想某种程度上的缺乏自信可能就是担忧的原因之一，但主要的原因还是那该死的后视镜！

你有没有想过会犯错误？ 当然知道会犯错误。我以为向左侧变道是安全的，我还以为不用格外注意周围环境也没有问题。

你犯的这个错误是否反映出了你需要多加注意的盲点、多加练习的技能？ 是的。我需要努力提高驾驶水平，分清刹车和油门，争取在突发情况下能控制住汽车的方向，此外，我还需要深呼吸。

这个错误是否揭示了某种阻碍你进步的性格特征（比如狂妄或是不知变通）？ 我觉得在这个事件里我是有些狂妄的，我没有做到学以致用，因为我认为自己学的那些压根用不上。

第 3 章 | 4 种练习法，系统把控技能学习进度

开车时要怎样做，才不会再发生这种事？ 在准备变道时，我会认真遵循以下的三个步骤：看信号灯，注意周围环境，看后视镜；为自己制定一条规则，除非发生某种情况，否则不得改变车道；学会操控方向盘，尤其是在危急时刻。此外，我还会调整好自己的驾驶座位，使我的脚更容易踩到刹车踏板。

如果你看到别人犯了同样的错误，你会提出什么建议？ 我的教练对我说："显然，你需要认真观察你周围的环境，同时也必须控制自己的情绪。"许多的交通事故都是恐慌造成的，而不是其他的情绪因素。更多地进行实践操作当然也是必要的。所以，就像这样，同时找出错误原因和纠正步骤。这是一个重要的环节，因为当我们把自己从主观情景中剥离出来，作为一个公正的旁观者去看待问题时，会更有洞察力和分析力。

诚实地回答以上 10 个问题，让自己以一个正确的心态从自己的行为中学习，即使其中的几个问题你诚实地回答了"否"也没关系。

尽管阻止一个人的心理防御机制的介入是件很难的事，但也要试着控制你的意识和冲动，把注意力全部集中在你的行为

上。一就是一，二就是二。不要找借口，只需给出原因和结果就行。

当在评价自己的行为时，你要对自己的行为负责任。理解并接受是你唯一需要做的。这可能会让你痛苦，因为我们通常习惯于出现问题时，找其他原因为自己开脱。我们喜欢归咎于他人或将矛头指向外部因素，但只有正视我们的行为，我们才能承担起责任并对行为做出改进。

自省会让人感到恐惧，甚至让人深感挫败，但这种恐惧只会持续到你向自己提问的时候，回答问题的过程将为你从错误中指明一条道路。著名访谈节目主持人奥普拉·温弗瑞（Oprah Winfrey），曾经说过："如果失败了，不要忘记吸取教训。"

> 人们都说经验是最好的老师，其实失败才是最好的老师。学得最好的人都是最懂得对付失败的人，而且他们能让失败为其所用。

你总会犯很多错误，这是不可避免的。有时为了找出什么是有效的，你必须先找出什么是无效的。你必须从错误中学到新东西，不然犯错就毫无意义。理想的状况是你只犯一次错误，之后都不再犯。你可以通过有意识地练习、交替练习、间隔重复、以及 PBL 练习所有你想学习的知识或技能。但如果学习方法不当，那学习就是徒劳。如果你的目标是尽可能做到最好，那你就要清楚自己必须做的事，并且不要让自尊心妨碍自己的学习。

吃透知识，需要高频练习

即使你认为自己已经掌握了新技能，但真正的掌握需要永不停止地练习。这意味着你要有意识地留出尽可能多的时间来练习。这似乎没有必要提及，但为什么我们常常觉得没有足够的时间来练习呢？这就是我们自己的问题了。

保证时间充足的最简单的方法就是做好计划，不盲目开始行动。尽管大家对此心知肚明，但这是我们经常忘记的一点。在几个月或更长的时间周期里，给自己安排固定的时间全身心地练习某项技能：每周一晚上下班后，每周三下午孩子们上学时，或者是每周六早上你吃完早餐后，无论什么时间都可以，但把时间以周为单位固定下来，这样更容易记住。如果你想每天都找出一点时间，当然也是可以的。

单凭你的意志力，在心血来潮时才去练习，这绝不是个好方法，甚至是个糟糕透顶的方法。所以你应该制订一个时间表，使你的练习时间井然有序。

一旦确定了时间，除非是极其特殊的情况，否则都不要改变或取消计划。你自己个人的练习时间表用水笔标记，如果有涉及他人的练习，可以用铅笔标记。这可能是最难处理的地方。生活总会出现一些紧急情况，计划容易被打乱，可能有一天你在下班后想与朋友聚会，所以没能赶回家练习。放宽心，偶尔临时取消一次你的常规练习也没有太大的影响。

这个时间表需要你优先考虑自己的需要，只有当你和你的朋友都认为时间表是严肃的、不可违背的时候，它才能真正发挥作用。这听起来像是一个简单的步骤，但这样做并不仅仅是为了安排自己的时间。你让别人知道了你的优先事项，他们才会把你的需要放在心上。

认真地安排时间，并做到极致。不仅是你的练习时间，你在一天中要做的每一件事都应该这样安排。许多人在周日就开始计划下一周要做的事情，如果他们对未来持有一<u>丝</u>不苟的态度，他们甚至会更早地开始规划。

当你按照时间表来执行时，也无须对自己太苛刻，试着在给定的时间范围内做力所能及的事情。合理地判断你的练习时间和完成一项任务之后的休息时间。最重要的并不是强迫自己在日常生活中过于严格地遵守纪律，而是要根据自己的需要和能力来安排学习时间。在刚开始时，你可以试着在白天休息、午餐、晚餐、看电视甚至睡觉的过程中安排好你要做的每一件事，下面的时间表则可以安排在下班后的空闲时间。

下午 5:00　通勤回家 / 在线看新闻

下午 6:00　晚餐

晚上 7:00　给孩子们讲故事

晚上 7:15　减压 / 淋浴时间

晚上 7:45　用制陶轮练习制陶

晚上 9:00　打扫卫生

晚上 9:15　查看私人电子邮件

晚上 9:30　看电视

晚上 10:30　上床睡觉

在你刚开始使用时间表时，你可以试着先大声朗读计划表上的内容，这是个很有用的做法。坚持是这个练习的核心。时间表确定了你一天的节奏，使技能练习成为日程中一个提前计划好的、不能缺少的组成部分，它就像吃饭、睡觉和看电视一样重要。这是一个培养自律的好方法。

利用零散的时间进行练习。 番茄时间管理法（Pomodoro

technique）是最流行的一种计划性策略，这个名字来源于一个番茄形状的厨房定时器，这项技术的发明者、企业家弗朗西斯科·西里洛（Francesco Cirillo）就是用它来提高练习效果的。你可以使用类似的任何计时设备，现在也有了许多直接仿效番茄时间管理法的时间管理应用程序。

番茄时间管理法是这样进行的：设置计时器，定时25分钟。一旦开始计时，在这25分钟内进行紧张的练习（或工作）。计时结束时，起来休息5分钟，舒展筋骨，放松一下，上上网，或者散散步。然后回到你的练习地点，再次设置25分钟的计时器，重复你的练习内容。完成4次循环后，休息15～30分钟，让自己充分地休息，给自己充好电。然后再开始。

番茄时间管理法之所以有效，是因为它能在相对较短的时间内让你全神贯注，在进行了几轮半小时的练习后，你会惊讶自己完成的工作量，而这只花费了一天中的小部分时间。番茄时间管理法让小单元的时间长到足以完成大量的工作，又短到足以保持注意力集中。番茄时间管理法中的休息时间与工作时间是同等重要的，对最后的学习或工作效果所起的作用也是一样的。

快速获取新技能 Tips

Tip 1

现在你已经了解了快速获取新技能的基础内容，是时候开始练习了。但这不是一般的练习，一般的练习通常只是被动复习和机械重复的过程，真正有效的练习却充满困难、乏味和痛苦。你遇到的困难越多，你学到的东西也就越多，要记住这一点。

Tip 2

练习有几种不同的方式。第一种是有意识的练习，包括分解技能，找出问题区间，然后对问题区间进行强化训练以提高整体表现。慢慢学习，保持耐心，从一开始就养成正确的习惯和肌肉记忆，因为改掉坏习惯和纠正错误认知需要花费更多的努力。

知道做到 快速获取新技能的科学

Tip 3

交替练习听起来或许有悖常理，但是非常有效。把大板块的时间分割成多个小板块时间来学习要比长时间学习单一内容更高效。这既能帮助你将不相关的主题联系起来，也能避免你在练习过程中变得自满，还能促使你继续深挖所学内容。在这个过程里，练习的频率是需要重点考虑的因素。

Tip 4

间隔重复是另一种练习方法。这再一次证明了大脑偏好的记忆方式是高频率而不是长时间，所以你也应该合理地安排你的练习时间。与其在周一练习 5 小时，不如在接下来的五天里每天练习 1 小时，你所花费的时间一样多，但记住的内容会大大增加。想象一下，一条路径必须要在大脑中穿过，只有多走几次，才更容易记住。

Tip 5

PBL，也称为问题导向式学习法，是指你有意识地针对某个要解决的问题或要达到的目标进行学习。换言之，我们的思路不是刻意学习 X，而是设定一个解决问题的方案 Y，在寻找 Y 的过程中，也学会了 X。这能帮助你保持专注力，为你提供足够的动力，从而让你充分地发挥主观能动性，推动更深层次的学习，最终达到融会贯通。

PBL 的一般步骤包括：明确你的问题，明确你已知的信息，列出可解决方案行动，明确你需要但未知的内容，以及获得这些信息的途径。

Tip 6

如果没有掌握正确的练习方法，那你做的一切练习都是徒劳，所以我们需要进行自我评估、形成自我意识、从错误中吸取教训。这样做需要我们本着实事求是的态度，不回避自己的盲点，通过对错误的评估明白自己做错了什么、今后必须改变什么，此步骤不能忽略。

Tip 7

腾出足够的时间进行实践，这是经常被忽视的一点。要做到这一点，你需要提前列好练习的时间表，而不是在心血来潮时才开始练习。在学习的早期阶段，最好将一天中要做的每件事都列进时间表，这样有利于习惯的养成。

第 4 章

THE SCIENCE OF
RAPID SKILL ACQUISITION

4 种思考技巧，全方位拓展知识边界

思维是一根针，将力集中一点，编织成缜密的网

知识区博主已然成为互联网"流量新贵"，各大学者专家也纷纷下场引领新一轮的"知识风潮"。浏览他们分享的内容，总是发人深思，进而令人赞叹不已。可你依葫芦画瓢地去学习时，却没有得出向往的结果。深度学习，就是其中缺失的一环。

因为知识很容易获取，所以我们总是在不断获取更多知识，而不是采取实际的行动去应用它们。在这个过程中，我们的消极思维会发生作用，从而削弱我们学以致用的动力。

第4章 | 4种思考技巧，全方位拓展知识边界

当讨论进行到现在的时候，你可能会觉得学习某项技能或学习某科知识都是直线型的模式，这种看法既有合理之处，也有不妥之处。

学习本身确实不是特别复杂的事情，就像人类通过长时间的生活经验，逐渐认识到牛奶可以饮用，许多其他动物的奶也可以饮用。所以，如果有足够的时间，学习可以水到渠成。但这不是我们讨论的核心。我们的目标是加快学习步伐，快速掌握技能。在上一章，我们讨论了练习的方式，本章侧重于学习中的理解和感悟。

想从遇到的每一种动物身上挤奶和明白动物产奶的原因、找到产奶量高的物种是有区别的。练习或实践可以让你在短时间内对某件事很在行，但深刻理解所学的知识或技能，并清楚你在做什么以及为什么这么做，能让你在未来发展得更好。

精细提问:"为什么"链条式研究

要深刻理解所学知识,首先要做的就是精细提问,这是一个用于描述自我解释的新术语。这听起来或许很吓人、很复杂,其实不然,这是一种理解眼前事物的简便方法。

我们每个人都有自己的知识盲点,所以理解新事物是一件重要的事。盲点也就是我们未知的领域。在上一章谈及自我评价时,我简要地讲到要通过一些策略性的问题找到自己的知识盲点。精细提问与其类似,也是让你以提问的方式进行思考。

> 在许多情况下,只要你已经想出了怎样来正确地提问,就已经知道了一半的答案。

如果你和小朋友一起待过,就能很容易地理解我所说的。小朋友常常向我们发出"十万个为什么"。首先小朋友会问一个关于自然现象的问题,例如,"雨是从哪儿来的?"在听到我们回答"从云朵里来的"之后,他们会接二连三地不停地问下去:"为什么雨中没有云呢?""为什么云落在地上就不是云了呢?""为什么晴天有云但不下雨呢?"小朋友总想得到一个最终的答案。

第4章 | 4种思考技巧，全方位拓展知识边界

这种提问方式可能让人感到厌烦，就像你被小朋友提了几轮问题之后，你就会说"因为我说的！"或者"好吧，问得很好，但我不知道该怎么回答。"尽管感到厌烦，但你也会因此发现自己缺乏某些基本常识，你只能含糊地做出一些片面的解释。

通过回答上述的一系列问题，你会探明自己的理解程度，并找到自己的知识盲点。这其实就是在进行精细提问了，如果你愿意的话，还可以设法消除盲点。

简单地说，精细提问就是像孩子一般，在好奇心的驱动下，努力解释每一个为什么。在你绞尽脑汁思索可信的解释或答案时，你就可以清楚地看到自己的知识盲点，接下来你就可以采取行动消除这些盲点。

在精细提问时，学习者（你本人）像完成任务一样地提出问题，你询问某些事物如何起作用以及起作用的原因。这样的提问是会涵盖方方面面的内容，接着你通过仔细研读学习材料来寻找答案，并试图找到所有内容之间的联系。你找到的答案反过来又构成了下一轮提问的问题，就像小朋友的"十万个为什么"一样。

"为什么"永远比"是什么"更重要。"是什么"通常会有一个具体的答案，不需要太多的理解。一连串的"为什么"和"怎么办"却会迫使你更好地理解某个问题。我们可以记住一

知道做到 快速获取新技能的科学

朵花的所有部分，如花瓣、雄蕊、雌蕊、花托等，但是仅仅记住这些名字是毫无意义的，我们需要了解每个部分在花朵上扮演的角色，以及这些角色对花朵的作用。然后我们就可以继续问：这些部分是如何相互作用的？是如何帮助花朵进行生长繁殖的？等等。

这个方法不仅适用于技能学习，也适用于信息获取。以学习棒球为例，先找到投球方式总比盲目投球要好。需要说明的是，这个方法适用于你相对熟悉的主题，不太适用于完全未知的领域。因为那样的话，在问了两个问题之后，你就无法继续下去。例如：

"手机是怎么工作的？"

"呃……"

接下来，我将用上述方法再举一个例子，以便你更深入地了解和掌握。假设你正在学习20世纪30年代经济大萧条的历史，你想测试自己的理解程度。

你首先要问的是：经济大萧条是什么？

经济大萧条是世界现代史上最严重的经济危机，在这10年里，人们普遍感到绝望。

发生经济大萧条的原因是什么？

这包含了一些主要事件：1929年10月股市崩盘，9 000多家银行倒闭，消费支出下降，从欧洲进口的商品税额大涨，农业遭遇大旱……

让我们重点谈谈股市崩盘。为什么会发生这种事呢？

一些专家担心这是因为保证金交易、英国股市下跌、商业投机以及钢铁行业的一些可疑行为……这些都是一些笼统的原因，我们还应该继续挖掘其中的一个原因来检验我们的理解程度。

保证金交易？那是什么？保证金交易是如何运作的？为什么运作过程中会出现问题？

保证金交易是指投资者向经纪人借钱购买股票。很多投资者都采用这种方式购买股票，所以大部分的股票都是用借款买的。大量的购买使股价上涨，当资产泡沫破裂时，股价就会下跌。由于投资者没有资金偿还贷款，因此经纪人和投资者都得不到利润。到了这里，保证金交易的问题可以完结了。

刚才提到的股市崩盘的其他原因呢？英国股市是什么情况？为什么英国股市会对美国产生如此大的影响？为什么股市跌得这么快？

……

知道做到 快速获取新技能的科学

一系列的提问持续进行，没有一个确切的终点，它甚至会变成一个兔子洞，让你钻进去以后很难出来。你如果能回答，就尽情地说出答案；如果不能回答，就把你需要加强理解的地方记下来。重复这个过程，深入挖掘下去，你将大有收获。

请记住，精细提问的主要目的是确保你的知识网络没有漏洞。如果你能应付自己的提问，那你就可以完成小测验、大考试和教授他人的任务了。你可以先从新闻报道中的六要素开始问起："who"（人物）、"what"（事件）、"where"（地点）、"when"（时间）、"why"（原因）、"how"（方式），然后根据具体情景进行深度提问（这是怎么发生的，之后发生了什么，有什么影响）。

精细提问几乎可以应用到任何学习场景中。例如，数学专业的学生可以用它进行高级计算，发现规律，从而解决更复杂的数学问题。人类生物学专业的学生，可以使用这种方法找出胆固醇过高或心律失常等疾病的原因。即便是文学专业的学生，也可以运用这种方法研究某位作家的著作，解读其主要内容、发展主线和创作主题。你甚至可以用这个方法分析小提琴演奏技艺，例如：为什么你必须以某种姿势拨动琴弦？松香有什么作用？不同的制作原料会对音色有什么影响？

至此，你应该能够清晰地看到精细提问是如何帮助我们找到知识盲点的了。对学习而言，不断学习新知识固然重要，确保已学知识中没有遗漏也同样重要。精细提问作为一种自问自答的学习方法，其最大的优点在于帮你看见单条信息背后的整体情况。

费曼技巧：正视你的知识边界

　　费曼技巧，是著名物理学家、诺贝尔物理学奖得主理查德·费曼（Richard Feynman）创造的一种心理模型，也是另一种与自己进行讨论的学习方法。因为能够为所有人清晰地解释量子物理等深奥问题，费曼被誉为"伟大的解释者"。在《费曼失落的讲座：行星围绕太阳的运动》（*Feynman's Lost Lecture: The Motion of Planets Around the Sun*）一书中，作者戴维·古德斯坦（David Goodstein）写道：

> 费曼以自己能用最简单的说法解释最复杂的思想而自豪。费曼技巧来源于费曼在普林斯顿大学时的学习方法，他在成为物理学教授后改进了这种方法。

　　费曼技巧可以帮你检验自己对某一学科的理解情况。使用得当的话，费曼技巧不仅会帮你真正理解某个主题，还能帮你找出遗漏。费曼技巧也适用于绝大多数我们可能接触到的主题，让你看到自己的欠缺之处。

费曼技巧甚至比小朋友使用的"十万个为什么"更简单。你需要做的只是诚实回答问题，然后你会快速发现应该重点关注的地方。费曼技巧一共包括四个步骤：

第一步：选择你要学习的概念

因为费曼技巧的广泛适用性，我们选择一个学生们经常使用的概念——重力。假设我们需要了解重力的基本知识，或是有人向我们请教重力的相关问题，当然也可以是我们想测试自己头脑中的重力知识。

第二步：用通俗的语言写出自己对这个概念的解释

你能做到这一点吗？解释越简单，越难做到。这是最重要的一步，因为这将准确地体现你对"重力"这一概念的理解。如果你能把某些信息或概念精简成小孩都能听懂的两句话，那么就说明你在一定程度上掌握了这一概念。反之，则说明你还存有知识漏洞。

再次回到"重力"这一概念，你会如何定义"重力"呢？是定义成一种和物体的质量大小相关的力？还是定义成我们跌倒的原因？或是定义成我们的星球形成的原因？你能给出这样的解释吗？还是你只会说："重力吗？怎么说呢，就是……就是地心引力呗。"

你也许能解释重力作用下物体会出现的情况，以及当物体失去重力时会发生的情况，你也可以解释重力产生的原因，但如果有些内容你解释得含糊不清、模棱两可，那这些内容就是你以为自己知道，其实不知道的部分。

你的解释从哪里开始进行不下去了？如果你不能顺利完成解释，就说明你对此项内容的掌握还存在问题，当你需要向别人解释的时候，你也会觉得困难。如果你的解释冗长乏味，漫无边际，又有失偏颇，这都表明你的学习还不够深入。这也正是教授他人却让自己学得更好的原因。教授他人将迫使你重新审视自己所学的知识，并要求你以一种他人能完全理解的方式进行讲述，这点正和费曼技巧中强调的解释不谋而合。

第三步：找出你的盲点

如果你在第二步中不能对重力下一个简洁的定义，那么你的重力知识还存在很大的漏洞。第三步要求你研究重力，学习充足的相关知识，学会用简单的语言对重力进行描述。你可以这样定义重力："重力是与物体的质量相关的、导致较大物体吸引较小物体的一种力。"但凡是你无法解释的内容，都是你必须消除的盲点。

如果你能用一种简单的方式对某个问题进行分析和解读，就表明你已经掌握了这个问题。反之，你则需要继续学习。这是使用费曼技巧时不可越过的环节。

我强烈建议你现在就使用费曼技巧。你能否将许多看似简单的概念解释清楚呢？你真的能给出简洁明了的解释吗？还是说在使用费曼技巧的过程中，暴露了你的某个知识盲点？

例如：为什么天空是蓝色的？电视遥控器是如何工作的？闪电是如何出现的？云是由什么构成的？消化是什么概念？对于这些问题，你可以从表面上做出回答，但更深入的解答呢？

第四步：进行类比

为所学的概念建立类比关系。这一步的目的是什么呢？这其实是第三步的延伸。在概念之间进行类比需要先深入了解每个概念的主要特征。你可以把进行类比看作是对已学知识的真正考验，检验自己的知识网络是否还有漏洞。

与重力有关的类比会是什么呢？例如，你把脚放进一个水坑里，漂浮在水面上的叶子就会被你的脚吸引过来，因为你的脚有一种看不见的吸引力。这种吸引力就是重力。

> 如果你除了想记住概念，还想理解概念，一个上策就是为它量身打造一个类比或比喻，而且这个类比越形象，效果越好。

这一步还需要你将新信息与旧信息联系起来，让你更深入地进行理解或解释。当然，如果你无法完成第二步和第三步，你也就无法完成第四步，但有时你完成了第二步和第三步，却卡在了第四步。这时，你就明白自己所学的知识是有限的，意识到这一点也大有益处。

作为一种学习方法，费曼技巧可以帮你快速辨别实际掌握的知识和自认为掌握的知识。在不断地解释和简化所学内容的过程里，你突然发现自己并不了解某些内容。这时你就会意识到，你所掌握的知识远没有你想象的那么多。

布鲁姆分类法：个人学习的晴雨表

接下来，我将介绍另一种方法，该方法将帮助你对所学的主题或技能进行自我评估，并进行深入的理解。

知道做到 快速获取新技能的科学

这个方法被称为布鲁姆分类法,由本杰明·布鲁姆(Benjamin Bloom)在1956年提出(后于2001年更新),当时用于衡量大学生的学业成绩。此后,布鲁姆分类法一直被许多学术机构使用,为合理设计课程提供了有效指导。

布鲁姆分类法的主要内容是为了最大限度地掌握技能、准确理解所学内容,我们必须完成六个层次的学习任务。该方法也强调我们前面讨论的重点——集中攻克你不知道的、不擅长的事情以取得进步。现实生活中,许多人永远无法完成布鲁姆分类法中每个层次的学习任务,希望你的结局和他们不一样。

布鲁姆分类法中的六个学习任务如下:

记忆 从长期记忆中检索、识别和回忆相关知识。

理解 通过解释、举例、分类、总结、推理、比较,从语言、文字和图形信息中构建意义。

应用 付诸行动,或是遵循一定的流程去实施。

分析 把材料分解成不同的部分,通过组织和分类来确定各部分之间的关系以及各部分与整体之间的关系。

评价 通过检查和点评,根据一定的衡量标准做出判断。

创新 将不同的元素组合在一起,形成一个连贯的，或是具有一定功能的整体，或是组成一个新的模式或结构。

一旦你达到"创新"这一最高境界，你就精通了一项技能。在布鲁姆分类法中，你如果不能循序渐进地完成上一层次的任务，就无法开启下一层次的学习。在日常生活中，我们每天都会看见违背布鲁姆分类法的现象，在深入了解某个主题之前，许多人已开始妄加评论。

布鲁姆分类法建立在学习时的心理过程的基础上，可以将其总结如下：

要应用一个概念，必须先理解这个概念，要理解一个概念，必须先记忆这个概念。要得出准确的结论，必须先进行全面的评估；要评估一个过程，必须先进行详细的分析。布鲁姆分类法的难点在于判断自己所处的学习层次，因为只有这样，才能知道你下一步需要做的事情。

为了实现上述目标，我将逐个分析布鲁姆分类法中的层次，并以学习美国历史为例说明如何比以前学得更快。你会发现这需要提出一系列问题，与本章中讨论的其他技巧类似。我们在学习新技能或新知识时经常忽略思考的重要性，也就是所谓的元认知。除了通过提问来检测自己是否符合某种客观标准以外，

知道做到 快速获取新技能的科学

我们几乎没有别的办法来评估自己的想法。

记忆

记忆是最基础的学习层次，也是最容易完成的任务。记忆是对事实的记录，主要通过接触新信息和重复新信息实现，要求我们去辨别和回忆。

记忆是学习的基础。记住事实、概念和原则对以后的评估和应用至关重要。如果你不熟悉已有的信息或技能，那么即使你对某项事物有一些理解，也只是一知半解。如果少了记忆这个核心步骤，你的知识基础就如搭建在一堆纸牌之上，根基不稳。

如果你想了解美国历史，你需要记忆许多历史事件，否则你无法将事件放入时代大背景中去理解。你还需记忆历史事件发生的时间顺序。如果你无法判断事件发生的先后，那么你的逻辑就会陷入混乱。你还需了解美国历史上的重要人物，例如本杰明·富兰克林（Benjamin Franklin）和乔治·华盛顿（George Washington），以及他们参与的重大事件，这些对学习美国历史都非常有帮助。

记忆是理解的基础，因为记忆让你将所需的信息装进头脑，如果你错过一些关键信息，无疑就增加了理解的难度。

理解

理解比记忆更进一步。理解既包括解释事实的真正含义，也包括找出目前所学知识与已有知识的联系，以及明白所学知识的意义。

这一层次涉及本章的前一部分，在此层次可以问自己"为什么"和"怎么办"的问题，以找出各部分内容之间的联系。美国独立革命为什么会发生？其背后的原因是什么？美国历史是从什么时间开始？美国建国前是什么样子？为什么……为什么……为什么……你可以进行精细提问，以找到自己的知识盲点。

大多数人在学习时都没有完成"理解"这一层次，所以他们永远无法深刻理解自己所学的内容，甚至试图提前进入布鲁姆分类法中的下一个学习层次。可以想象，这一定会出问题。

应用

能够应用所学的概念是完成理解层次的主要特征。

应用是指对所学内容有足够深入的理解，并能将其灵活地应用到新场景中。例如，应用要求理解美国独立革命的主要事件，并了解这些事件与法国革命之间的联系、其他独立革命或新兴政府可以从美国独立革命中学到什么。

知道做到 快速获取新技能的科学

应用也能巩固学习。与其研究锤子的工作原理，不如动手使用锤子。当你把自己的知识付诸实践并让其发挥作用，你就参与了这个主题并获得了第一手的经验。

分析

分析指从旧的概念中获得新的见解、将各类观点进行重组并找出因果关系。

布鲁姆分类法的第四个层次是前三个层次的综合，在记住信息、理解概念和原则、将其应用到现实场景中之后，现在你可以进行综合思考，并从整体上进行分析，衡量得失。

在此层次，需要运用批判性思维来审视之前所学的内容。批判性思维是这样一个命题：你看到的不全是你看到的，总有隐藏的力量在发挥作用，扩展开来可能远远超出你的想象。例如，美国独立革命与其他国家的革命有什么不一样？有没有更好的行动方案？英国人为何会惨败？如果英国人没有强制进驻军队，结果会不一样吗？为什么殖民者认为波士顿茶党产生了影响？你可以假设自己在观察事件参与者的内心活动。

在这个层次，你需要仔细研究各个事件，找出发生了什么，可能发生什么，以及原本应该发生什么。分析每一种行为的利弊以及由此产生的影响。你将注意力集中在深入挖掘上，因为你知道自己掌握的信息只是历史的一小部分，还需找出该事件与其他历史事件之间的关系。但大多数人在掌握了大量信息或技能之后，往往只关注表面的事实或表现，这或许反映了传统教育体制的弊端及其对批判性思维的危害。

评价

现在你对该主题有了足够深入的理解，可以对其进行评价了。可以运用批判性思维评价已知概念或原则的价值。正如前文所述，很多人喜欢越过前面的层次直接跳至这一层次，因此产生许多不成熟的观点和争论。你可能每天都会听闻许多可笑的观点，所以此处不再举例。

如果能极其认真地进行评价，你就可能成为家喻户晓的美食评论家或影评家，甚至成为该领域的大师级人物。

在此层次，你可以对美国独立革命发表一些客观公正的见解了。例如，美国开国元勋的判断是否明智？哪些做法是明智的，哪些是不妥的？你还可以提出自己的行动建议，比如殖民者应该提前或延后开战时间。

创新

当你达到这一层次，你已经对该主题有了透彻的理解，你可以将新概念与旧知识结合，提出全新的想法解决类似的问题，你甚至可以灵活地调整，将新想法运用到全新的场景和问题之中了。

切记，布鲁姆分类法仅作为个人学习的晴雨表。你目前在布鲁姆分类法中处于哪一层次？你是否跳过了某些层次或无法完成某些层次的学习任务？你是否未加思考就开始评价或创新了？布鲁姆分类法将帮你找到止步不前的原因。

好奇心的 5 个维度：你的学习助推器

你可能会产生这样的困惑：这项学习任务并不像看起来那样简单。在前一章，你学习了练习方法，而在这一章，你似乎只在学习折磨自己的办法。还是那句话，学习越是困难，越能有所收获。真正的困难是将想法付诸行动，所以我们要关注常被我们忘记的一点：好奇心推动着学习。因为当我们非常好奇的时候，我们更容易驱使自己学习相关知识。可以说，好奇心是我们学习中最强大的工具。好奇心驱使小孩子尝试世界上最危险的事情，也驱使人类进行最伟大的创新和发明。

从发现火、发明轮子到发现相对论，人类所有的知识最初都由好奇的人发现。好奇心促使人类不断探索世界的本质，驱使人们钻研具体事物的本质，直到他们对某一主题有了深刻的理解为止，但当他们达到了某个高度，他们又渴望知道更多。这是一个循环往复的过程；你知道的越多，你想知道的也越多。

好奇心促使我们学习。如果你拥有一颗好奇心，那么对你来说，每一个领域的思想或技能，都变得更容易学习，好奇心可以让你自然地进入事物的中心而不感到工作的劳累。

但每个人的好奇心并不是天生自带的，也不是时刻常驻的，而且一些人对未知事物存有恐惧心理，他们的好奇心更是匮乏。所以，为了使学习达到你想要的深度，需要培养（或重新培养）好奇心。我们可以通过练习和自我提问来重新找回好奇心。

首先我们需要做的是了解好奇心的本质，了解好奇心发挥作用的机制，以及最大化利用好奇心的方式。我们可以把好奇心看作深入挖掘某个主题或学习某项技能前的准备心态。

当我们形容某人"天生有着一颗好奇心"时，通常是指他们比其他人更容易受到兴趣的驱使。事实上，好奇心不仅仅是强烈的求知欲，人们为某事感到好奇可能有许多迥异的原因。所以，取得良好学习效果的关键在于找出自己好奇的原因。

乔治梅森大学（George Mason University）的心理学教授托德·B. 卡什丹（Todd B. Kashdan）花费了大量时间研究人类的好奇心。依据好奇心的不同特征，卡什丹将其分门别类，将这些特征称为好奇心的"维度"。

知道做到 快速获取新技能的科学

卡什丹对 400 多名参与者进行了研究，要求每个人回答 300 个与性格特征相关的问题。卡什丹通过分析得到的数据创建了一个好奇心模型，发现了好奇心的 5 个维度。这些维度揭示了人类好奇心的激发机制，或许能帮助你克服学习过程中的单调乏味。

愉快的探索

在谈及好奇心的本质时，这个维度可能是我们首先想到的：发现和体验未知的事物非常刺激。快乐的探险家把发现新知识视为个人成长的组成部分，对他们来说，获得新知识是对自己的回报。阅读莎士比亚的所有戏剧、第一次吃寿司、乘坐越野赛车，都是令人激动的事情，积累大量的经验和知识会让他们更加快乐。

对"缺乏"敏感

好奇心的这一维度与焦虑相关。这种心态的人往往对缺乏信息感到忧虑或紧张，他们对未知感到不安。为了减少这种压力，他们充满好奇心地去学习。当我们试图处理一件难事或者思考一个难题时，我们就会无意识地催促自己加快理解速度，这时对"缺乏"的敏感就在发挥作用。

例如，当你查看银行账单的时候，发现自己的开销超出了银行记录，你就会感到紧张，这反过来会让你查看收据，检查自己是否有漏掉。又例如，上哲学课时，学习材料超出了你的理解程度，你就会对自己的能力感到担忧，并会更加努力地学习（当然这只发生在你未被恐惧心理吓退前）。当你最终找到需要的信息时，理论上你的不适感也就不复存在了。

抗压能力

对"缺乏"敏感与一个人对缺乏特定知识的不安感有关，抗压能力这一维度则侧重学习过程中可能产生的不安感。一方面，对压力有高度承受力的人更容易追随他们的好奇心，因为他们只需要处理做事情时的内在不适。另一方面，不能处理学习产生的不确定性、困惑性或怀疑性的人，也就不太可能凭借好奇心去学习。

例如，带两个从未坐过过山车的人去游乐园，排队时他们俩都有点紧张，因为这是一件新鲜事。其中一个人更愿意直面恐惧，因为以前做过两件富有挑战性的事，并且都应付过来了。所以这个人能够克服焦虑并参与进来。另一个则被彻底吓坏了，他浑身发抖，最后不得不从出口逃出，自然也就无法挑战过山车了。

知道做到 快速获取新技能的科学

第一个人显然有更高的承压能力，能够克服恐惧，并且会借助好奇心尝试新事物。至于第二个人，可能旋转木马更适合他。

社交好奇心

好奇心这一维度是指你想知道别人的所想、所做、所言。我们通过与他人互动或观察他人来满足这种好奇心。如果我们对朋友刚看完的电影感兴趣，或者我们想听听他们对时事的看法，抑或是我们想获取最新八卦消息，我们都会和朋友聊天。

社交好奇心也可以来自一个更为超然的观察角度。一个很好的例子就是在拥挤的地方观察他人，譬如公共汽车站或中央公园。我们可能会看见一对夫妻在吵架，两个孩子在玩他们刚编出来的游戏，或是一个男人在遛宠物鸭子。根据他们的言行，我们会对他们的真实身份或私人行为形成某种判断。好奇心驱使我们去研究。

寻求刺激

这个维度与抗压能力相似，只是寻求刺激的人并不是被动地承受压力，而是喜欢冒险。他们非常乐意把自己置于危险之中，以获得更多的体验。对他们而言，冒险或尝试新事物是一件令人非常高兴的事，即使承担身体损害、社会否定、经济破产的风险，他们也认为是值得的。

举一个寻求刺激的例子，理查德·布兰森（Richard Branson）是一位非常成功的企业家，他曾经乘坐热气球环游世界，划船横渡大西洋，当时的一场暴风雨差点夺走了他的性命。布兰森声称自己有76次"濒死经历"，其中一次发生在骑行时，他向后腾空翻过自行车的车身，然后眼睁睁看着自行车冲出了悬崖，但他只受了轻伤，逃过一劫。布兰森就是典型的热衷于追求刺激的人，冒险使他感到愉快。

对于喜欢探险的人来说，好奇心很容易自发产生。这与拥有社交好奇心的人类似，只不过他们的好奇心是被周围的人和环境激发的。但没有人能时时刻刻保持着好奇，因此不能过于依赖好奇心。

如果你缺乏好奇心，可以试着找出自己焦虑的原因。如果你对自己"不知道"或被排除在外感到尴尬，可以让这种情绪变成动机促使你改变现状（对"缺乏"敏感）；如果你无法克服恐惧，可以想办法使恐惧合理化，并让自己变得更强大（抗压能力）。

好奇心并不是帮助你快速获取新技能的必要因素，但它确实会推动你去学习新技能。

快速获取新技能 Tips

Tip 1

学习不是野餐，实践是艰苦而劳累的，进行深度理解也是如此。只有这样，你才能真正掌握某科知识或某项技能。有四种具体的方法可以帮助你进行深度理解。

Tip 2

第一种方法被称为精细提问，这是一种自我提问、自我总结和自我质疑的学习方法。你可以自己创建关于某个主题的一系列提问，并关注"为什么"和"怎么办"这样的问题。由表及里，找到学习的终点和起点，发出知识盲点。

Tip 3

第二种方法叫作费曼技巧，这其实是精细提问的一种，由著名物理学家理查德·费曼发明，包括四个步骤：选择一个主题，尽可能简洁地对其进行解释，找出自己的盲点，最后使用类比法来解释该主题。因为要有足够多的知识和足够深的理解才能找到不同概念间的联系，所以类比被认为是深刻理解的一个标志。

Tip 4

第三种方法是布鲁姆分类法，这是一种检测自我学习水平的方法。一旦清楚了自己目前的学习层次，就能找到具体的指导方法，帮助自己进入更深的学习层次。根据布鲁姆分类法，学习包含六个层次：记忆、理解、应用、分析、评价、创新。

Tip 5

最后一种方法是充分利用我们的好奇心。有些时候，虽然我们已经做出了最大的努力，但工作量太大，并且枯燥乏味，学习难以取得进展。很难有人能够不断地质疑自己的思想，检验自己的观点。唤醒心底沉睡的好奇心可以有效地推动学习。当你的自律力耗尽时，好奇心能让你保持学习的动力，驱使你坚持下去。

第 5 章

**THE SCIENCE OF
RAPID SKILL ACQUISITION**

技能积累，
稀缺人才的终极武器

如果无法靠单项技能胜出，那就多学几项

在任何领域里，想要达到顶尖水平，必定要付出机会成本。与其费尽心思在某项技能上跻身前 1% 的大师行列，不如在三四项技能上成为前 5%～前 15% 的高手。背景更多元化的公司也比背景相对单一的公司多创造 19% 的产值。这就是技能积累的优势。

你是自己的骄傲,尤其应该骄傲于那些让你"与众不同"的特质,并把它作为你成功的法宝。

第 5 章 | 技能积累，稀缺人才的终极武器

正如本书一再说明的，学习新技能在当今时代比以往任何时候都更容易。这一点有利也有弊，因为当你习得某项技能时，很可能其他人也掌握了。在竞争越来越激烈的当下，技能傍身的人不再享有绝对优势。如果某项特定技能是招聘的硬性要求，而其他竞聘者也擅长此项技能，那你该如何脱颖而出呢？

本章内容并不是为你提供快速获取技能的方法，而是为你指出方向，告诉你最佳的精力分配方式。

别幻想成为莫扎特，去多学几种乐器！

仅仅依靠单项技能来确定你的价值或优势显然不是明智之举。一般情况下，任何领域里都只有 1% 的人能达到顶尖水准。能够进入 NBA 的篮球运动员只占美国篮球运动员的很小比例，

知道做到 快速获取新技能的科学

在世界人口中所占的比例更是小到难以计算，想进阶到前 1% 几乎是不可能的事。即便是在 NBA 中，也有 99% 的非顶尖球员，他们既不是勒布朗·詹姆斯 (LeBron James)，也不是斯蒂芬·库里 (Stephen Curry)，他们的球技并不差，但他们既没有拿到顶级的薪资，也没有成为家喻户晓的明星。

换言之，如果不能在前 1% 占有一席之地，那该怎么办呢？如何让自己在同等技能水平的人群中脱颖而出呢？既然成为 1% 是小概率事件，"技能积累"就是更有效的方法。你或许不相信，这种方法最初来自报纸上的漫画栏目。

最先普及"技能积累"概念的是史考特·亚当斯 (Scott Adams)，他创作了以职场故事为主要内容的漫画《呆伯特》(Dilbert)，成为出版史上最杰出、最为人称道的作品之一。在一项技能上达到炉火纯青的境界固然令人钦佩，但大多数人却无法办到，而在多项技能上达到较高水平并协同多种技能发挥独特优势却相对容易。这就是技能积累背后的逻辑。

与其在单项技能上努力跻身前 1% 的大师行列，不如在三四项技能上成为前 5% ~ 前 15% 的高手。把自己想象成莫扎特是一回事，能演奏 4 种乐器又是另一回事了。不是每个人都能成为莫扎特，但学会 4 种乐器的可能性要大得多。

亚当斯的职业生涯完美诠释了技能积累的妙处。虽然他清

第 5 章 | 技能积累，稀缺人才的终极武器

楚自己在任何领域都不是最顶尖的 1%，但他的漫画《呆伯特》却登上了 65 个国家的报纸。该漫画以办公室为背景，将搞笑的"职场规则"呈现在读者面前。报道称，亚当斯的净资产高达 7 500 万美元，大部分来自"呆伯特"产业，主要包括作品的联合发布权和相关商品的销售。有一段时间，几乎所有的美国办公室里都摆着呆伯特卡通形象的商品，这足以说明上班族对讽刺职场现实的作品有着高度的认同感。

亚当斯在任何领域都不是顶级大师，他是如何成功的呢？他不是最有才华的漫画家，其笔下的角色大多是只有发型和鼻子存在细微差异的简笔画形象，我们姑且把他的绘画才能列入前 10%。他也不是经商或赚钱的高手，但他曾就读于加利福尼亚大学伯克利分校，或许这一点可以让他排进前 5%。他也不是世界上最幽默的人，从未有过喜剧表演之类的经历。然而，他的漫画却非常诙谐有趣，他还垄断了报刊上的发布权并让其形成运营多年的产业。这一点又给了他跻身前 5% 的砝码。

亚当斯曾说："我的商业才能很一般，可是我有着很强的职业道德感、风险承受能力和相当不错的幽默感，所以我成了一个非常独特的人。此时，独特性就有了商业价值。"

如果你不相信亚当斯的例子，那么再来看看波士顿咨询集团（Boston Consulting Group）2017 年的一项研究结果，该研究

结果表明技能、背景更多元的公司比背景相对单一的公司多创造 19% 的产值。这就是技能积累的优势。

所以，你需要重新设定目标，不再勉强自己跻身某个领域的前 1%，而要力争在几项技能上都进入前 5% ~ 前 15% 的行列，最好是掌握几项互补的技能。充分利用自己擅长的技能和性格特质，并将其有机结合起来，便获得了胜过别人的优势。正如亚当斯一样，将过人的商业头脑、幽默感和艺术才能结合在一起，就创造出了产生巨大经济效益的漫画人物呆伯特。

> 在任何一个有着悠久历史的行业或领域，要想成就一番事业，成为业内的杰出人物，都需要付出许多年艰苦卓绝的努力。

人们通常认为成功是某一项精湛技能的产物，这意味着成功还必须付出一定的机会成本。多数医科学生必须选定一个专业领域，就像你不常见到兼治足病的牙医一样。体坛也是如此，你要努力成为某一特定项目的顶尖运动员，比如篮球、足球、高尔夫球或者田径项目，同时你也排除了自己发展其他项目的可能性。除了前橄榄球运动员迪昂·桑德斯（Deion Sanders）

第 5 章 | 技能积累，稀缺人才的终极武器

和棒球明星博·约翰逊（Bo Jackson）这样罕见的极端个例，很少有人能在两个不同的项目上成为超级明星，就算是迈克尔·乔丹（Michael Jordan）也不可能称霸职业棒球联赛。

在所有追求成功的道路上，精通多项技能更容易实现，所以技能积累是更可取的办法。技能积累强调合理安排、利用多项技能，从而提升你的独特性，这就让你有了异于旁人的比较优势。通过整合自己的各项普通技能，并学习自己缺乏的"差异性"技能，你就会成为无法复制的人，这会使你在就业市场上更具竞争力，在社会上更具不可替代性。

积累技能也会驱使你正视现实，找到真正有价值的技能。如果你是某一领域前 5% 的高手，那这能给你带来什么益处？是一些赞誉，还是其他的好处？在每个领域的头部，总有人处于 5% 的前列，但你不一定脱颖而出。你可以继续努力，争取跻身前 1%，但真有那样的机会，你很可能就不需要看这本书了。

这意味着你必须找出更多的提高竞争力的办法，而不只是依靠单一的技能。进入某一领域的前 1% 的可能性非常小（虽然值得一试），成为前 5% 已经足够优秀了，可当你进入某个群体的较高层次时，你也会发现周围都是相差无几的高手。

所以，我们再次回到这个结论：能在三四项不同的技能上都跻身前 5% ~ 前 15% 的人更具有独特性。成为具备非凡才能

的专业人才是不错的选择，但在更广阔的领域中成为多面手更容易使你脱颖而出。

在几个不同的领域达到前 5% ~ 前 15% 的水平远不像跻身前 1% 那样艰难，这是技能积累的优势所在。可能需要多年的苦练才能达到在卡内基音乐厅独奏的水准。但达到前 5% ~ 前 15% 的高度，需要付出的努力则大大减少，完成我在前文中提到的几个步骤——学习、练习、运用和不断重复，就可以实现这个目标。你甚至可以只读一两本某方面的图书，就能在该方面超过 95% 的普通人。

以我最喜欢的写作为例。才华横溢的作家数量众多，前 1% 的作家无论写什么都能出版，因为他们的作品质量有保证。

再看看前 5% 的那部分人，他们也非常出色，但不如前 1% 的优秀，所以难以成为广受欢迎的作家，也很难得到被他人赏识的机会。

如果 5% 的那批作家中有人懂得 HTML 网页设计，并且会使用社交媒体，那会怎样呢？此人不仅能写出华丽的词句，而且能通过博客来发表自己的作品，并把作品打造成独具特色的个人品牌。因为他善于利用社交媒体进行推广，能为作品吸引广泛的关注，进而打开全球市场，他也就真正拥有了其他作家无法比拟的优势。再加上一定的商业洞察力，这样的作家就能复制此过程，吸引更多的读者，写出更多的作品，最终通过写作获得高收入。

虽然这些作家不能在前 1% 的文豪行列中占有一席之地，但他们运用其他方面的专业技能，让作品成功出版，扩大知名度和读者群，并把更多读者变成忠实粉丝，最终获得了更高的收入。事实上，从事写作的人群中，大概只有前 25% 的作家能凭借自己的多项技能过上好生活。

如何找到使自己脱颖而出的技能？

技能积累发生的最理想情况是你已经掌握了一项技能，只是自己还未察觉。要确定你的技能积累方向，第一步是确保自己拥有与之对应的、能在实现最终目标的过程中派上用场的各项技能。比如写作、公开演讲和表演能力可以结合成一组有分量的三重利器，因为这三种技能具有显而易见的互补优势。高超的厨艺、精明的商业头脑、优秀的沟通能力，这三者足以让你成功运营一家餐馆。

但如果你是优秀的演说家、吉他手、厨师，你可能会成为一名不错的服务员，但不足以当一位餐馆老板。而你同时会打字、会跳踢踏舞、善于剥花生壳，这可能很难让你敲开成功之门，

知道做到 快速获取新技能的科学

除非你去管理马戏团。

所以你要积累的技能不能太随机，它们应是相关或兼容领域中的三四项技能。如果能掌握一些相互关联的技能组合（或称之为"技能塔"），你的价值就会大大提升，而不是固守在"天生"擅长的事情上。

为了直达技能积累的核心，你可以通过回答下列问题进行一个简单的自我评估。

在一个行业内，人们通常在哪些技能领域展开竞争？ 在某一特定领域的基础层面，每个人必须做的是什么？其准入门槛是什么？哪些技能会决定你的业务能力、影响你的辛苦程度，并被上级当作考核标准？如果你在这些关键技能领域内排进前5%，这的确值得称赞。可还有像你一样的其他人，或许他们比你更优秀，所以跻身前5%是不够的。

> 当今社会，人们的生活节奏过快、压力过大，我们使用技能这个词来定义某种个人的资产。

第5章 | 技能积累，稀缺人才的终极武器

既然圈内人都擅长这项技能，那么你能学会哪些新技能使自己脱颖而出呢？这可是你的"独门秘籍"，拥有了一项（或两三项）额外的才能，你就会与众不同。此项能力并不是专门为当下的工作准备的，很可能是在其他环境里培养出来的。正是这项技能造就了差异性，使竞争的天平向你倾斜。如果你不清楚如何行动，请试着去了解某一领域或相关几个领域中的顶级人士，你会找到思路。

假设你想成为一名股票经纪人。那么股票经纪人需要具备哪些特质？他们在哪些领域竞争？很显然，他们必须善于沟通、精于计算。这个答案只是假设，但或许能涵盖100%的股票从业者，事实上可能只有75%的股票经纪人符合标准。所以善于沟通、精于计算并不能保证你被聘用。

如果想从众多求职者中脱颖而出，你该学习何项技能？在经济全球化的今天，股票经纪人可以学习另外一个超级经济体（比如中国或德国）的语言，以此来充实简历、凸显优势。一些研究表明，全球一半的人口都会讲两种语言。这听起来有点夸张，我们姑且认为这是实情。所以如果你会说一门外语，至少会使你超过50%的股票经纪人。你学会的每一门新语言都会减小上面的百分数。如此一来，会说一门外语可以让你进入前20%的股票经纪人行列。

知道做到 快速获取新技能的科学

此外，生物技术是目前最受股市关注的产业类别之一，所以在医学、生理学和康复实践等方面有一定知识储备的股票经纪人更善于分析新兴技术走向。如果你具备医学方面的专业知识，并有急救管理或初级医疗救助方面的专业背景，你就比其他双语技能的股票经纪人又多了一个优势。

你并不是这些领域的大师，但通过努力和实践，进入前10%～前15%的概率很大。这足以使你更具灵活性和市场竞争力。在当今时代，多才多艺非常重要。作为股票经纪人，每周听一听德语或中文的录音，或者读几篇生物科技公司突发新闻的分析文章，你的融资额度可能会成倍提升，这种投资的回报率非常可观。所以，搭建并不断垒高你的技能塔并非太难。

我们再切换到更轻松、更有趣的绘画领域。在全部的画家中，几乎100%的人都必须掌握素描，但杰克逊·波洛克（Jackson Pollock）和创作泼洒绘画的除外。画家们都知道如何使用不同的颜料在不同的介质上作画，即使他们最终只擅长一两种类型。以此为例，我们假设90%的画家能在多种介质上作画。

有些人只画肖像或静物，为了方便作画，他们将绘画对象直接摆在眼前。可是某些画家的影像细节记忆力极其发达，几乎能凭记忆描绘出任何物件、任何风景，而且富有创造力，这其实是一种可以通过长期训练习得的技能。而某位拥有神话学、哲学背景的画家还掌握了一些特定图形的象征意义，可以把这方面的知识融入作品，赋予画作额外的艺术意义和整体表现力。

很容易在画家中找出精于描摹的画师。可是既能在多种介质上作画，又拥有超强记忆力，还精通艺术理论、神话学和哲学的人呢？这就不是普通的"三连击"了。可见在艺术领域同样需要积累多项技能。

在技能组合中每增加一项新技能，都会使你的"维恩图"[①]中有更多交集的圆圈，你的竞争力也就因此得到了提升。

你比任何人都更清楚自己的能力，但你可能还未意识到运用多样化技能营造协同效应的重要性。技能积累可以让你发挥现有的资源优势，并将优势以更易被大众接受的方式展现出来。真正高明的、富有建设性的学习方法是首先找到使自己脱颖而出的技能。

---

① Venn diagram，是指在集合论的数学分支中，在不太严格的意义下表示集合（或类）的一种草图。用于展示在不同的事物群组（集合）之间的数学或逻辑联系。

快速获取新技能 Tips

Tip 1

技能积累指拥有多项技能，因为无论你想做什么，都很难依靠单项技能取得成功。我们中只有 1% 的人能跻身某项技能领域的最前列，你很可能不能位列其中。因此我们应该进行技能积累，掌握三四项相关技能，并在每项技能领域排进前 5% ~ 前 15%。这是个很实在的建议，会让你在竞争中脱颖而出。

Tip 2

技能积累的关键在于将各项技能紧密联系起来，这意味着你不应该只关注自己的优势，这样会阻碍你的前进。你可以参考自己所在领域的顶尖高手，看看他们拥有哪些不同的技能。当你想提高某方面的能力时，你可以通过阅读、参加讲座获得一些基本知识，仅此一项就可以使你在该领域的知识储备超过 90% 的常人，这将使你看起来像一名专家！

第 6 章

**THE SCIENCE OF
RAPID SKILL ACQUISITION**

管理社交圈，
营造正向学习环境

真正对你好的人，会支持你变得更优秀

你的身边是否有这样的人？你想学习的时候，偏偏要拉你打游戏；你在准备考试的时候，说你背着他偷偷努力。"如果你把大部分时间用于和 5 个人相处，你的水平就会是他们的平均水平。"而你会发现，优秀的人总是和优秀的人在一起。何不使学习成为默认选项，让环境帮你自动决策？

要想得到真实有用的指导建议，首先要有好的人际关系。当你所遇见的是真正关心你的人时，他们就会提供你所需要的支持，而且会用一种充满爱心的方式让你坚持完成自己的计划。

第 6 章 | 管理社交圈，营造正向学习环境

你所处的大环境是一个经常被忽视的影响个人技能发展的因素。

我们习惯于相信自己的成就不过是实际能力和主观意志的直接反映。不过坦率地讲，这种认知难免有自负的嫌疑。不必争论先天条件与后天培养哪个更重要。如果一个人出生在海岛，与那些从来没机会下水的人相比，他很可能更擅长游泳；如果一个人在沼泽地区长大，那么他对青蛙的了解可能远多于甜点。我们不可能只靠自己的主观意志就达成所愿。

本章所讲的环境主要有两种形式：我们为自己创造的社会环境和个体环境。个体环境指一个人用五官在具体空间里感知的一切元素：声音、洁净、黑暗或光明等。如果探讨个人的行为变化，这些因素都是无法避免的客观存在，所谓的"眼不见，心不烦"体现的正是个人被自己感知到的环境因素所干扰。社

会环境指你接触到的不同肤色的人，不同的习俗和传统、不同的沟通方式、支持模型和行为方式等。社会环境其实就是你周围的人。他们可以帮你冲过终点线，也可以让你停滞不前。他们可能会引导你、鼓励你，也可能对你漠不关心。如果把别人比喻成锚或者气球，可能让你感到奇怪，但是他们确实能在学习上助推或阻碍你。无论好坏，社会环境都与我们朝夕相伴。

《新英格兰医学杂志》（New England Journal of Medicine）近期的一项研究仔细分析了社交网络。研究者对 12 067 人进行了为期 32 年的跟踪监测（1971—2003 年），详细了解了该人群的关系类型，找出了他们的朋友、配偶、兄弟姐妹、邻居等，同时还追踪了网络中的每个人在特定时间里的体重变化。

研究者发现，在一个关系密切的社交小团体里，当其中一个人的体重增加时，其他人的体重也会增加，并且其他人患肥胖症的概率提高了 57%。无论这些朋友是住在附近还是远在外地，他们都保持着同样大的影响力，家庭成员的体重变化反而影响不大。挚友之间发胖的关联性更强，如果一对好友中的一方变胖了，另一方发胖的概率会提至 171%。

不管有没有意识到这一点，周围的人都对我们的生活有着巨大的影响。他们可能会支持我们，打击我们，或者对我们的目标毫不关心，这其中的任何一种情况都会对我们造成持续性的影响。例如，你想学钢琴，但三位朋友都认为只有书呆子和失败者才弹钢琴。如果你意识到这种社会压力和与此相关的耻辱感，你还能坚持学钢琴吗？我们习惯于把周围人的言行当作评判友情的标准。

看一看你目前所处的社交圈，无论你听见的是支持还是质疑，刺耳的声音总会存在。但你对自己的社交状态仍然握有绝对的控制权，你只需明确自己要找什么、该避开什么。这当然不是将朋友按照谁有用、谁支持我进行分类，而是要寻找那些善于营造积极氛围的人，身处积极的氛围之中你也会因此不断完善和提高自己。

所以，第一步是设法清除负面因素。

别让毒性关系阻碍你的学习

不管你是否意识到这一点，在生活中某些人阻碍他人进步的本事实在强大，他们会耗尽你的能量，让你灰心丧气，使你无法达成既定目标。因此，营造良性社会环境的第一步就是向这类人下逐客令。

也许有些人并没有强烈阻止你的行动，但他们会说"你根本做不到，你不可能成功，你不应该这样劳神费力，你这样做没用……"这种话听得多了，难免会产生负面情绪。你和这样的人相处得越久，他们对你的渗透就越深入。可能你认为他们没有干扰或影响你，不过相信我吧，他们一直在影响你。当然，生活中也有相反的情况发生：有的人坦率地提醒你要面对现实，但他们依然支持你实现自己的目标。

有些人习惯散播负能量，他们不希望你成功的原因几乎都是出于嫉妒。通常的情况是当别人与我们相距甚远时，我们会支持、鼓励他们，但当别人要赶超我们时，我们要做到这点就很难了，这是人类的本性使然。

因此，旁人在你的前进路上制造的绝大多数消极因素并不是针对你的能力，而是出于他们对自身能力欠缺的恐惧。一个人表达出的负面信息几乎都源自三种根深蒂固的恐惧：不被尊敬，不被爱，对未来的消极预测。

在这些恐惧的共同作用下，人们很可能会形成消极的世界观，轻微的情况是胡思乱想、杞人忧天，糟糕的情况就会认为世界太可怕、所有人都是坏蛋。通过彼此的联系，消极的人们会不断地把这种观念强加给你。当你获得了一定程度的成就或幸福时，你很可能引发他们的妒忌和怨恨。

人们因为自己的恐惧而打击别人，这样的经典场景其实经常发生：保护欲过强的父母因为害怕孩子受伤而限制其参加体育活动；善妒的朋友因为害怕自己孤独终老而对你的亲密关系恶语相向；同事因为害怕不被大家认可他而对你的升职充满怨言。

一旦认识到别人的责难和怨言大多出自他们对自身的不满，你就应该明白，他们担忧的是他们自己构造出来的一套东西，那与你无关，更不能阻挡你前进的步伐。

消极的人通常善于投机取巧，通过奇怪的方式对你施加影响。如果你跟大家的意见相左，他们乐于支持你，对你的愤世嫉俗或沮丧心境给出合理化的解释，不遗余力地抛出各种有毒的或消极的想法，以表示自己彻底地无条件地认同。他们会强化你的不安感，把你推入自我怀疑的深渊，而不是帮你进入值得付出时间的理想境界。反之，如果周围的人能引导你，启发你，为你赋能，那就是再好不过的情况了。

当你开始自我怀疑时，积极的人会努力让你恢复自信。他们认定你无所不能，如果你认为自己做不到，他们则会努力证明你的想法是错误的。他们真心希望你实现目标，为了帮你做到这一点，他们甚至完全改变自己的行动方向。然而，消极的人在你产生自我怀疑时却愿意当你的回音壁，让你熄灭所有的希望之光。积极的人喜欢把脚放在油门上，消极的人却总踩着刹车。

知道做到 快速获取新技能的科学

消极的人躲在无所作为的世界里,他们并不快乐,也不相信能变得快乐,因此也看不到成长和努力的意义。他们可能没有意识到自己的思维方式存在问题,但他们会竭力阻止你的成长,不让你做出改变或取得进展。当他们觉得你不会有长足的进步时,一定会为你鼓劲加油,但当你快要取得成功或要超越他们时,这些人则会摇身变成恶毒的批评者。

这就出现了一个无法逃避的问题:面对自责、义务、情感纠葛、亲情束缚、沉没成本等人生烦恼时,你希望身边存在这种人吗?他们的作用到底是什么呢?

解决方案很简单:你减少和消极者的接触,和那些愿意看到你成功的人交往。你有能力塑造自己的社会环境。但这说起来容易做起来难,尤其是你的家人中就有几位消极成员时,这甚至没有实现的可能性。所以你要做好规划和安排,保证自己不被消极的人包围。你还应该读懂他人在散播消极情绪时传递的真实信息,学会把这些与你无关的信息挡在门外,并引入积极的声音湮灭它们。接下来你就能读到这一点。

怎样选择榜样和导师与你同行?

一旦你努力清除了消极影响,下一步就是用积极的声音取

第6章 | 管理社交圈，营造正向学习环境

代消极的声音。首先，你可以从你周围能观察到的人身上汲取营养，把他们当作榜样。

这样做的目的是通过观察他们的行为想象他们的内心活动，借鉴他们的优点。如果你有志成为杰出的大提琴演奏家，最佳的榜样就是马友友（被普遍认为是有史以来最著名的大提琴家），并努力学习马友友的严格自律。

无论你的最终目标是什么，该领域总有成功人士存在，他们的各种技艺、方法、习惯和思路正是你该借鉴的。如果你肯花时间接触特定的个人或群体，甚至和他们用同样的行话、术语进行交流，你就潜移默化地接受了他们的思想和行为方式，你在某种程度上已经开始效仿了。

实际上，寻找榜样是一件容易办到的事情，甚至不需要结识新人。只要用心观察，你就能发现值得学习的榜样。先从日常接触的人开始，你一定能收获一些积极的影响和灵感。先问一问自己：能从他们身上学到什么？他们会如何应对各种挑战？三人行必有我师焉，只不过我们很少意识到而已。在构建真实的社会环境之前，这是一种为自己构建虚拟环境的有效策略。这种策略也适用于公众人物、历史名人，甚至文学作品里的虚构人物。

下面所列的内容都是你能从榜样身上学习的方面。

外在行为

你的榜样如何与他人相处？他们有什么习惯、表达方式（语言和肢体）以及才能？研究他们的表情，记录他们的言辞，寻找他们容易被忽略的小动作，观察他们的举止。通过审视你的榜样，你不仅可以看到这个有专长的人如何行事，也能为自己提供一些必要的线索，学习如何培养出自己梦寐以求的才能。请记住，行为方式是人们意图的绝佳显示器，我们可以在直接观察中对其进行充分利用。

> 一旦你已经辨认出杰出人物，那么，辨别出是什么使这个人和其他人表现不同，这些差别就可以解释他的卓越成就。

以前面提到的马友友为例，看看他如何安排每天事务？在练习过程中到底做了什么？刻苦程度如何？付出了何种牺牲？是否因为大提琴而失眠？如何应对焦虑？

内在特质

如果把你的能力发挥到极致，可以在心态和思维层面提出何种假设？你的榜样最看重什么？他们认可什么样的情感、理想、观点、计划、前景和目标？除了意志力，他们做事的动机是什么？为何能坚持下去？试着模拟，或者预测他们的思维流程和相关反应。

与外在行为相比，内在精神更难捉摸，更难被发现。想要了解榜样们的实际态度，你的想法可以是跳跃式的，但要尽量找到更多的支撑证据。如同外在行为一样，榜样的内在特质可以体现他们获取技能的途径和方式，能让你进入更高的境界。马友友的自律力明显要比大多数人高出几个数量级，这可以作为观察马友友的起点。

外部环境

榜样的社交圈里都有谁？成长经历是怎样的？每天见什么人？在什么地方度过其大部分的时间？在他们努力达成目标的过程中，环境是起到了帮助作用还是阻碍作用？要从更大的维度审视榜样的生活环境以及环境对其的影响。

马友友从四岁开始学琴，很可能是在一个家教严格的环境中长大，因为他的父母都是音乐家。在这种情况下，分析他获得技能的环境尤为重要，分析他成为大师后的环境就毫无意义了。

知道做到 快速获取新技能的科学

找到榜样的下一步是找到一个愿意指导你的人。在现实中,改变社会环境的最佳途径是先找到一座指引你的灯塔,进而获得启示和灵感。导师能借鉴他人的经验,直接给你提供独到的见解,他熟悉前进路上的种种考验和斗争策略,也能给你提供第一手建议。总之,你的导师应该学识渊博。他不是坐享其成的人,也不是"一帆风顺"轻易成功的人。他应该是一个通过不断努力和试错才获得技能的人,他从底层开始打拼,然后一步一个脚印地攀上高峰。

你的导师也不一定非得是天才或是有"神助"的幸运之人。运气或纯粹的天赋不应该是他们成功的主因,运气和天赋也是你无法效仿的部分。你要找的榜样必须擅长你将要学习的技能,而且他们在获得成功之前曾进行长期的、大量的练习。

这一点为什么重要呢?因为这样的人有能力把自己的综合技能拆解开来准确地传授给你,他们对你的帮助更大。他们没有任何与生俱来的优势,必须从头学起,所以他们能理解每个阶段所需要的确切步骤。又因为他们必须独步跋涉,也就更能清楚其中的曲折。反之,天赋异禀之人或是所谓的"天才"经常表现出本能性的行为,但本能性的行为通常难以解释。

换言之,与其向一名身高近2.2米的职业球员学习打篮球,倒不如相信一名刚过1.7米的普通球员,因为个子矮的家伙为

第6章 | 管理社交圈，营造正向学习环境

了克服身高的短板可能更努力，他的技术也可能更精湛，而大个子已经具备了最宝贵的优势——身高，也就没有必要再进行刻苦的学习了。我没有贬低高个子球员的意思，可人们都说"你学不了别人的身高优势"，就是这个道理。

如果导师还是其他成功人士的良师益友，这样的人就更有价值。因为他们不仅自己取得了成功，他们很可能还拥有一套成型的、已被别人证实有效的策略或方案。他们提出的建议或方案在某种程度上是可复制的，这对你而言至关重要。

> 无论什么时候，只要有可能，最佳的方法几乎总是找一位优秀的导师。

好的导师能快速发现你在练习中的不足之处，在你养成错误习惯之前帮你纠正。他们能帮你把握练习的尺度，不会太过，也不会太少，只看一眼就能判断你的方法是否正确。这就是好导师如此重要的原因，他们能快速纠正错误，将错误扼杀在摇篮里。优秀的导师总会极力考验你的极限，将你推出舒适区，他们会为你设定挑战性的目标，协助你去完成或超越。

如果你无法找到合适的导师，可以先找几位自己能经常接

触到的专业人士，他们是帮你答疑解惑的人，就把他们当作你的私人董事会吧。

从"技能培育温床"到"人才温床"

有一个关于社会环境的有趣理论：如果你把大部分时间用于和五个人共处，你的水平就会是他们的平均水平。他们可能是类似的人，也可能是差异巨大的人，但是他们对你的思想和行为有着同样显著的影响力。

这种效应对你本人和你的目标是积极的还是消极的呢？你应该清楚的是在任何一个特定的群体中，你永远不会成为最冒尖的那个成员——最聪明、最漂亮或者最富有的人，因为其他人的水准都在拖累着你。

这并不是要让你变成吹毛求疵或刁钻刻薄的人，如果你将个人的发展放在首要位置并想实现自己的目标，那你就需要改变这五个人组成的社交圈了。这一过程涉及如何识别具有内在威胁性的同伴，可能会令人不舒服，但它却是改进自我和走向成熟的一个过程。不需要抛弃你的朋友、社交圈子或自己的小团体，只需要明确社交圈对你的目标所起的作用。

最后一步是尽可能地找到这样一群人，他们不仅擅长你想学会的高超技能，而且他们一直前进在精进该项技能的路上。这点或许不容易做到。《一万小时天才理论》(*The Talent Code*)的作者丹尼尔·科伊尔（Daniel Coyle）把集体技能带来的益处称为"人才温床"（hotbeds of talent）。科伊尔以意大利的佛罗伦萨为例说明此观点。历史上，佛罗伦萨曾汇集了包括达·芬奇在内的一批艺术家。科伊尔在书中写道：

> 手工业行会是一种强有力的社会发明，佛罗伦萨是其兴起的绝对中心……行会是纺织工匠、画工和金匠等从业者为了规范同业竞争、保证质量而自发形成的组织……然而，他们最擅长培养人才。行会的基础是学徒制，七岁左右的男孩子必须离家和师傅一起生活，规定年限是五到十年。

手工业行会从多个方面证明了集体组织的作用：在公认的质量标准要求下，行会内每个人的作品都影响着整个行会的声誉，所以师傅们都注重指导学徒提升技能、帮助学徒养成良好的工作习惯。你可以想象这种环境的培养效果，即使没有与生俱来的天赋，学徒的技能也能得到大幅提升。

几十年来，巴西是足球领域最具统治力的国家之一。科伊

知道做到 快速获取新技能的科学

尔也谈到了巴西球员的培养模式。与佛罗伦萨的手工业行会一样，巴西极其重视以专业化、小型化的模式培养孩子的球技。

五人制足球在巴西的年轻球员中很受欢迎。其与常规足球的区别在于：比赛用球的大小只有正常足球的一半，但重量却是原来的两倍，球场也小得多。这些因素能强化常规足球技能的训练效果。更小的球场意味着更多的互动和配合，动作延误随之减少，总体的训练时间相应变长。五人制足球还对动作的精准度提出了更高的要求。所以，一旦让球员们在标准球场踢常规足球，他们就会展现出令人赏心悦目的精湛球技。

尽管群体内部的竞争和压力非常大，但这个群体里始终保持着一个共同进步的集体目标，所以这样的环境有着非同一般的作用。以团队形式学习技能不仅有利于思想的流动，也有利于成员之间形成相互促进的良性竞争，技能学习者有机会获取大量有价值的信息，这是"外部世界"不可能出现的沉浸式学习模式的独特优势。

在日常的工作时间里，有时也会出现思想高度集中、目标高度统一的团队协作状态，在这样的环境中学不到新技能的情

第6章 | 管理社交圈，营造正向学习环境

况很难出现。事实上，如果你每天不间断地接触某项技能，不想成为专家都很难。因为对你而言，这种新技能已经变成一种新常态，至少你也达到了团队的平均水平。即便是文艺复兴时代水平最低的佛罗伦萨艺术家，或者技术最差的巴西五人制球队的球员，他们也很可能具有远远高于其他地方的普遍水平。这就是沉浸式学习模式的优势所在。

你或许毫不关心佛罗伦萨艺术的伟大成就，你也很难成为新生代的巴西足球运动员，但在提高技能的过程中，找到类似的技术支持有很多途径。

在"相约网"（meetup.com）这样的网站上有一些国际团体，他们的专长都是你日常生活中需要的一些技能，比如网络编程、绘画、建博客、房地产投资、舞蹈和烹饪等，这些只是其主页的小部分内容。依据地域差异很多团体又被进一步细分，最大限度地满足用户的个性化需求。这些团体都是不错的知识来源，在技能培养、社会热点探讨、新思想和新技术普及、新手指导等方面为人们提供建议。

佛罗伦萨的手工业行会和巴西的五人制足球运动队都拥有高度集中的训练体制，是一种典型的强化知识吸收的学习策略。学员们需要努力理解所学技能的每一个微观策略和细微差别。如果要在当今时代的专业群体中仿效此原则，需要

持续性的努力、开放式的沟通、有效的反馈机制以及适度的竞争性。为了达成目标，群体中的所有成员必须有高度的专注和强烈的共同愿望，只想成为业余选手的人在这样的群体里难有容身之处。真的能在现实生活中找到这样的环境吗？诚然，这一定是个艰苦的过程，但如果你足够努力，肯定会发现和你一样也在寻找沉浸式学习环境的人。

获取技能是个人的追求目标，但是没有人能不依靠外部环境完成这个目标。在你身旁给你鼓励的人能推动你的前进（有时候他们也会指出你的错误）。和正能量的人接触，精心挑选学习的榜样，这些能让你有意想不到的收获，进而让你产生新想法，最终助你驶向成功的彼岸。

明白"技能培育温床"（skill hotbed）的概念也有利于理解下一节将要论述的实体环境。

对自己的自律力做最坏的预估

学习新技能是一项大工程，把周围环境营造得更加利于学习是最基本的可实现的方法。通过营造环境让自我学习更容易，让我们的心态更积极。你可以把任一空间改造成实用的工作室，在里面你可以专心工作，认真学习，修炼并完善你的各项技能。

第 6 章 | 管理社交圈，营造正向学习环境

和支持你的人交往很重要，尽量把自己的学习环境打造得更实用也同样重要，因为学习新技能也会受到环境的影响。要找到利于学习的技能培育温床可能不太容易，但我们能用一些简单的技巧改造现有的环境。

如果你想成为一名出色的钢琴演奏家，你所处的环境会如何影响你的进步呢？假如你住在一间存放钢琴的库房里，结果会怎样？如果在你周围很难找到一架钢琴，又会怎样？环境就是这样影响着学习的可行性和难易度。

在设计学习环境时，要对自己的自律力做最坏的预估。在学习新技能的整个过程中，你务必要相信，或至少假定一点：不要指望你能约束住自己。你以为自己能克服惰性，只有偶尔才会偷懒，这种认知是不可靠的。本章的任务就是尽可能地帮你打造安全可靠的学习环境。

通常情况下，你营造的环境应该有利于提高决策的正确性。康奈尔大学的布莱恩·万辛克(Brian Wansink)在 2006 年进行了一项关于饮食习惯的研究，得出了很有趣的结论。在人们把直径 12 英寸（1 英寸 =2.54 厘米）的盘子换成 10 英寸的以后，他们少吃了 22% 的食物。这一发现很快引起了许多人的关注，以至于美食作家们把它当成节食成功的秘诀进行广泛推荐，甚至出现了许多崇尚用小盘子和小份食物控制食欲的人。

知道做到 快速获取新技能的科学

这是一个很好的例子，说明在特定的环境中，即使很微小的调整也能有助于决策机制的改进。餐盘尺寸的改变微不足道，这不及智能手机宽度的 5 英寸却能让人减少超过 20% 的食物摄入量。随着时间的推移，这种细微的调整就能帮助你养成良好的习惯，进而产生显著的效果。

这种操作的适应性和灵活性远远超出你的想象。总的指导原则就是：让你的环境有助于学习，让你的注意力更集中。

举个例子，如果你在练习乐器时缺乏动力，试着把乐器放在房子中间的固定位置，这能让你时时看见它，你也可以有意地把一叠乐谱放在回卧室的必经之路上，说不定你在睡前会翻看两眼。

如果你想多锻炼，下班路过的一家健身房很有可能会成为你的选择，你绝不会舍近求远跑去 10 英里以外的地方。你还可以把健身包放在门口，在厨房门上安装一根铁棍用于练习引体向上，或者在大部分时间里只穿运动鞋。你甚至还可以在门把手，或你一定会触碰的东西旁边贴上提示性的字条，以治疗你的拖延症，让工作任务出现在无法躲避的地方，再把干扰你的诱惑都藏起来。

想减少不良习惯对我们的困扰就要做到"眼不见，心不烦"。超市经常将价格较高的商品摆在与顾客视线等高的地方，

第6章 | 管理社交圈，营造正向学习环境

以此来增加高价格商品被购买的机会。人们在家里可以反其道行之，让不健康的食品远离视线，把它们存放在不易看到或很难拿取的地方。把巧克力放得像俄罗斯套娃一样，装进5个容器，再放到橱柜，之后看看你狂吃巧克力的次数会是多少。

如果你想戒烟，可以清理掉家中的全部烟灰缸，把它们放在离家尽可能远的地方，如果你忍不住想外出吸烟，你不得不在寒冬或酷暑里快步走上一段距离。为了避免久坐，你可以使用立式办公桌，迫使自己在多数的工作时间里保持站立，更简单的办法也可以是移走工位上的椅子和咖啡桌。

总体原则是让自己少做选择，因为选择意味着可能会选错。意志力和约束力总是靠不住，所以需要营造一个环境，让环境帮你自动决策，让学习成为默认选项。营造利于正确决策的环境包括两个要点：

把资源放在触手可及的地方。找不到急需的物品是最浪费精力的一种状况。有时候，仅仅因为某项资源放在房间的另一边，我们便失去了做事的动力（绝不是夸张）。为了消除这个弊端，直接把技能学习所需的全部资源放在主要工作区的附近。把书本放到学习桌上，把所需的工具材料放在只需转动座椅就能拿到的柜子里。把小提琴放在鞋子上，让你无法再回避它。

这样做不仅便于调用这些资源，还能把你的工作空间集中

到一个相对紧凑的地方，利于你保持专注。你可以将这种方式视为一种游戏，看看不必起身能否就能支配一切。

把干扰因素关进另一个房间。将需要的资源放在身边，并想办法把一切让你分心的物品移到视线之外的地方。至于工作区域该保留什么东西，你倒不必成为严苛的简约派。如果一盆绿植或一件抽象艺术品让你感觉更舒服，那就留下吧。但如果你在工作期间容易被飞镖盘或玩具枪吸引，那就把它们放在另一个房间，或者关进壁橱，保证工作时不被干扰即可。

接下来是关键的一点：主动抵御沉迷分心事物的冲动，把注意力转移到需要学习或实践的任务上。

因《心流》（Flow）一书出名的心理学家米哈里·契克森米哈赖（Mihaly Csikszentmihalyi）认为，这种改变环境的方法其实是改变了特定活动的"活化能"[①]（activation energy）。一般来说，对于心生向往的事情，你要减少活化能；对于讨厌的事情，你则要增加活化能。启动学习和练习所需的活化能越少越好。

[①]表示一个化学反应发生所需要的最低能量。

快速获取新技能 Tips

Tip 1

人们通常认为，我们只依靠自己就能取得成功，其实并非如此。我们所处的社会环境会对我们的思想和行为产生巨大的影响。

Tip 2

你的社交圈对你有很大的影响，它能成就你，也能毁灭你。你交往的人可以是你的支持者，也可以是消极的反对者。然而最危险的人是那些看起来凡事都为你考虑，却总是将自己的恐惧和不安投射在你身上的人。摆脱这些人的影响不容易，但至少要知道他们对你持批评态度的原因，并对其保持谨慎的态度。

Tip 3

希望你的身边有优质的榜样。如果你不了解他们的想法，那就多关注他们的外在行为,因为外在行为最能体现他们的想法和意图。所以,观察,观察,再观察!

Tip 4

下一步要做的是找一位导师。你们之间是否建立正式的师徒关系并不重要,但这个人可以帮你打破自己的思维定式,给你反馈意见,并推动你向前,让你始终行驶在正确的发展轨道上。理想情况下,你的导师应该也是从零开始学习的人,因为这样的话,他们能凭借自身的奋斗经历成为最适合剖析你的学习行为的人,并为你提供实用的建议。

Tip 5

如果可行的话,加入一个学习小组,营造一种学习氛围,让你自己沉浸其中。最好的学习团队就是像巴西五人制足球运动队和文艺复兴时期的佛罗伦萨手工业行会那样的组织。这并不容易办到,但当你的身边高手如云时,你在潜移默化中就会变得更优秀。

Tip 6

当你营造了一个利于学习的环境,让自己不必纠结就能做出

第 6 章 | 管理社交圈，营造正向学习环境

学习的决定时，这就无须再考验意志力了。所以，把学习需要的工具放在触手可及的地方，经常学习或练习，排除干扰。这个道理虽然很简单，但能最大限度地调动学习积极性。

第 7 章

**THE SCIENCE OF
RAPID SKILL ACQUISITION**

适当放慢脚步，
回归初学者心态

所有的半途而废，都是因为心态错位

无论什么时代，人类都有着基于前人完美案例的幻想，在超短时间内精通新技能成为每个人的愿望。如今，因交流的扁平化，这种幻想和愿望随处可见。但朝着幻象奔跑实现不了目标，而你会因为心态的落差一蹶不振。只要真诚地面对内心的困惑，守住学习的初心，你实现目标的路就会清晰可见。

精心设置目标，以便你能持续不断地看见进步的实质性信号。

第 7 章 | 适当放慢脚步，回归初学者心态

假如学习一项新技能是一件非常容易且自然的事，你只需轻松地打一个响指就实现，然后你就可以幸福地生活，得到自己想要的一切。这样的情况有可能发生吗？阅读本章你会找到答案。

认为学习是一件轻松的事情，这是一种需要立即进行调整的期望。万事皆有可能，但是这世间并没有任何事情是容易的。

很多时候，事情往往比我们想象的更困难，这难免让人灰心丧气，觉得举步维艰，想打退堂鼓。当令人失望的结果出现时，我们往往会得出这样一个结论：我们永远都不会知道该如何去做。这个错误结论比做无用功更可怕。

因此，在学习新技能之前，设定合理的目标至关重要，这样我们才能脚踏实地地为实现目标而努力。现有的大量科学研究已经证实，一个合理的目标将激励人们努力奋斗。这是一个无须证明的事实——当你意外得到冰激凌时，你会很开心；当

你没有得到曾许诺给你的冰激凌时，你就会十分失望。

若是你能实事求是地预测你未来的状况，那么你成功的概率就会大大增加。本章主要讨论的是如何处理目标实现过程中的阻碍因素以及如何为自己设定合理的目标。

目标感的培养要靠有计划的努力

大多数时候，一些不切实际的愿望难免过于乐观。对于想要完成的事情，我们普遍有着基于前人完美案例的幻想。即使我们明白前人都是靠着年复一年的实践和努力才取得了成功，但当我们的尝试失败时，我们仍会产生挫败感。这种挫败感毫无意义。试想一下，我们观看体育赛事的时候，有时候觉得若是自己能够上场，一定会比这些运动员做得更好。虽然这种想法不切实际，但也是人之常情。

> 在任何事情上，当我们采用完美的画面来对照时，通往幸福的路就可能出现重大的曲折。

第 7 章 | 适当放慢脚步，回归初学者心态

  如果你希望快速习得新技能，这种不切实际的想法会使你停滞不前、落后于他人或是错失良机。于是，满心失望的你便会放慢步伐，以至于放弃继续朝这个目标前行。毕竟期望越大，失望越大。当不切实际的想法深深扎根在我们的脑海时，我们便很难完成其他事情，甚至一些分内之事都无法完成。我们还会不停地与其他人进行对比，而这种比较既没有道理也没有意义，全是我们的一厢情愿罢了。

  若不能设定切实可行的目标，取得成绩的渴望最终将会转化为怨恨或绝望。

  至于什么才是合理的目标，并没有单一或通用的解释，就算是那些研究工作行为的专业人员也持有不同的看法。一位来自伦敦大学学院（University College London）的研究员曾花费 12 周研究近百人的习惯，发现仅需要两个多月的时间，确切的数字是 66 天，人们就可以养成一种新习惯。其他相关的研究结果也表明，人们学习一项新技能的基础知识只需要 25～30 小时。

  这些数字让人觉得学习新技能只需要少量的时间，但在实际操作中，人们还是时常觉得耗费的时间太多。当然，这种想法可以理解。你当前的目标应该符合你当前的情况。设定目标时，既不要低估自己，也不要高估自己，同时也不要和其他人做比较，因为每一个人的天赋和起点是不同的。放手去设定一个既不会

知道做到 快速获取新技能的科学

让你焦虑不安，又可以让你斗志昂扬地创造成就感的目标吧。

例如，你希望自己在短时间内学会制作法国菜。在料理世界中，人们很容易对自己提出过高的目标。你不可能只凭借直觉就熟悉法国菜式中的香料组合，你也不可能第一次就做出造型精巧的巧克力慕斯。若想制作出完美的法式洋葱浓汤，那你一定需要经过许多天的练习，甚至你可能需要先花费大量时间练习切洋葱的正确方法。

当然你也可以给自己设定一个相对较简单的目标。你可以使用现成的罐装汤底，只加上一两种香料，或者直接购买食品货架上的慕斯粉制作巧克力慕斯。换言之，你只想做出法式菜肴却不在乎味道的好坏。

那么合理的期望到底是什么呢？首先，你要意识到自己正在学习一项新技能，不要逼迫自己一次性学完所有相关知识。从最基础的内容开始，切忌好高骛远，跳过基础知识。例如，学习制作浓汤时，你应该大胆尝试不同的香料组合，找出自己最满意的口味；在学习打发蛋白或者制作简单的奶油蛋糕时，你也应该不厌其烦地进行实验。这些目标的设定都建立在你了解基本厨艺技能的基础上，否则，你就需要从最基本的厨艺技能学起。

根据你已经知道的、想要知道的以及需要知道的来设定你的目标。不要期望任何捷径和奇迹会出现，要脚踏实地、有条

第7章 | 适当放慢脚步，回归初学者心态

不紊、充满希望地朝着目标前进。

很多学习音乐的人都会有这样的疑问：我何时才能在卡内基大厅举行演奏会？他们希望有人能给自己一个简洁的答案并且帮自己指明方向。实际上，答案就是长年累月的练习和全心全意的投入。

无论你的目标是什么，无论你朝着什么方向奋斗，毋庸置疑，这都是一条漫漫长路。你不能期望在这漫漫长路上总有幸运之神相伴，也不能期望这是一条畅通无阻的道路。你可以抱有希望，但也要做好希望落空的心理准备。你还不能期望捷径能够奇迹般地出现，帮助你省去大量的时间和精力。若是依赖奇迹，你将会犯下更严重的错误。

在这里引用金克拉（Zig Ziglar）的一句名言："若是通往成功的电梯坏了，楼梯总是可用的。"对实现目标需要付出的努力做出合理判断，相信努力终将迎来成功。最糟糕的事情莫过于让唾手可得的成功从指尖溜走。如果你付出了大量努力依然没有获得成功，那你应该明白努力只是获取成功的一个要素，但成功却不是努力的必然结果。

如果不相信技能学习是一个漫长过程，你就会在前进的道路上陷入不断重新计划、重新准备的忙乱状态。假设你即将参加一项15英里的远足活动。第一种情况：你认为这次远足会非

常顺利，而且自己的状态良好，根本不必考虑穿什么袜子和鞋子才最合适，只需带上一瓶水就够了。如果是这样的话，你根本没有考虑路上可能会遇到的各种困难，选择性地忽视了将有一场暴风雨来袭的事实。接下来的情况或许就是在远足的路上，温度骤降，大雨倾盆数小时，你浑身湿透，甚至因体温过低离世。

第二种情况：你知道自己的身体状态良好，但你明白 15 英里的远足和每礼拜去健身房锻炼 1 小时有着天壤之别。出发前，你需要进行多次 7 英里的远足训练；出发时，你需要背上大号背包，穿上羊毛袜和合脚的登山靴，还需携带大量的饮用水。你还关注了天气预报，带上了雨衣和手套。

若想顺利完成远足，你觉得前文所提到的哪种情况才是经过深思熟虑的？

假如前往杂货店只有 15 分钟的车程，你很有可能选择不系安全带、不调整后视镜，也不保养那个随时有爆胎风险的轮胎。短途旅程时你或许可以忽略以上问题，但若是跨省自驾 8 小时，以上的这些小问题很可能给你带来不小的麻烦。

每一个成功者都曾付出了无数的汗水，即便是那些嘴里含着金汤匙出生的人也不例外。这些人的确很幸运，但这不意味着家庭背景就是他们日后成功的原因。

据说美国发明家托马斯·爱迪生（Thomas Edison）为了发

明灯泡先后实验了 1 000 次,他在沉思之后说道:"我不是失败了 1 000 次,而是发现了 1 000 种不适合做灯泡的材料。"

为了学习新技能,你愿意付出什么代价?

你的学习目标是什么?学习需要投入时间、精力和金钱等。你会从长期的学习中获益,但代价是在所难免的,或许可以将之称为机会成本,也就是放弃其他、专注学习付出的成本。

你可能热衷于丰富的社交活动,当你想为自己设定一个学习目标时,那就应该做出改变了。你要放弃那些自己喜欢的事,去做自己不喜欢的事。你还必须保持积极的态度,消除负面的想法。这都是机会成本。

当你仅仅是将躺在沙发上的休闲时间转换成在家学习的时间时,这种代价微不足道。但有时为了学习新技能你可能需要做出较大的牺牲,比如推迟购买需用的设备,减少与家人的相处时间,或是改掉一些不利于学习的习惯。为了学习新技能,可能每天都需要做出相应的牺牲,比如减少用餐的时间或是严格按照时间表做事等。

目标设定之后,你需要调整好自己的心态。为了实现目标,总需要放弃一些东西。虽然这种放弃是暂时的,但你在实现目

知道做到 快速获取新技能的科学

标的这段时间里必须做到。

面对代价,很多原本雄心勃勃的人都退却了,他们不愿为新技能付出相应的代价。即便新技能会让他们获益颇丰,他们也不愿放弃当下短暂的愉悦感与舒适感。短时内的不适感都能让他们打退堂鼓,就更别提解决学习中遇到的困难了。

这类人不愿放弃现有的舒适和稳定,可能是因为他们满足现状,也可能是因为害怕失去现有的优越环境。当你全面地权衡利弊时,请认真思考,你真的做出了巨大牺牲吗?还是在这段日子里不能像自己希望的那般舒适?

如果你不是上述这类人,那你已经有了巨大的优势,你是为了实现目标敢于付出、敢于改变现有生活方式、敢于面对不安的人。因为你是少有的具有积极创新思维的人,你在获取新技能的道路上或许不会遇到太多阻碍。

做任何事都需要付出代价。要么现在付出代价进行学习,要么将来因为没有学习付出代价。现在你还有主动付出代价的机会,不要等到将来后悔莫及。

以两位想要学习网页制作的人为例。你可能觉得我的例子不太严谨,因为现在有许多操作简单的网页制作软件供人们免费使用,许多没有专业基础的新手都能制作出精美的网页。

他们中的一人想深入研究网页制作,便从网校购买了专业

第7章 | 适当放慢脚步，回归初学者心态

网站设计师需要学习的各种视频课程（这意味着要牺牲金钱）。这些课程涵盖的内容非常广泛，有些课程甚至由 300 个不同的板块组成（这意味着要牺牲时间）。除上课以外，为了加深理解，他还花费大量时间进行练习。他不希望自己因为其他事情分心，所以还减少了浏览社交平台的时间（这意味着要牺牲部分的休闲和社交）。可见，这个家伙是个奋发图强的人。

另一人则不愿为了学习牺牲金钱、时间、休闲和社交。他在一周内可以去朋友家做客 4 次，不愿为了学习做出任何牺牲。他为什么非要让自己付出代价呢？反正可以在"维克斯网"（wix.com）上免费设计出自己想要的网页。

但是，他终究不能只凭借自己的能力设计出网页，也不能设计出具有专业水准的网页。在这样的网站上，如果你想获得更好的服务，就需要付费，但你自己学会了网页制作，这一切则都是免费的，而且只需花费你几分钟的工夫。若是使用网站，只有少量的模板可供选择，在模板中进行文本和图片的添加，这样制作出来的网页简直目不忍视。

相比之下，第一个人在经历了一段时间的学习后，掌握了大量网页设计知识，能在很短的时间里制作出内容完整、功能强大、风格动人的网页，还能利用自己所学的知识制作其他类似的应用软件，甚至开发程序。此时，他已经才华横溢，在网

页设计领域声名鹊起，其作品令人赞叹不已，这就是他以短期付出换取的长期回报，而之前的金钱投资也早已回本了。

好吧，故事的结局是我编出来的，但这个故事还是阐明了我想表达的重点。第一个人愿意为此做出牺牲，这些牺牲并非让人难以接受，却使他成为更优秀、更专业的人。至于第二个人，他绝非愚昧、懒惰之人，但他不愿为目标做出必要的牺牲，所以选择了一条最平坦的路。他或许本可以有所作为，却因无法约束自己，无法改变生活现状，最终止步不前。因此，第二类人只能成为第一类人的雇员。

以上的两类人，谁能在获取新技能的旅程里学得更多、学得更好，想必你的心中已经有了答案。鱼与熊掌不可兼得的道理，这里不再赘述。

锻炼你的"困惑忍耐力"

对困惑、沮丧的心态及时地进行调节也是十分重要的，你要学着去适应。

一些人停止学习是因为害怕自己陷入不知该做什么、不知该从何处寻求建议的困惑之中。一旦陷入困惑，他们就会心乱如麻。

因此，如果你希望实现自己的目标，那你就要学会在遇到

第 7 章 | 适当放慢脚步，回归初学者心态

困难时不忘初心。这种坚持在麦克尔·盖博（Michael Gelb）的书《像达·芬奇那样思考》（*How to Think Like Leonardo da Vinci*）中被称为"困惑忍耐力"（confusion endurance）。

这一概念告诉我们，为了实现自己的目标，你必须有能力调节目标任务给你带来的困惑。这种困惑之所以会产生，是因为你没有充分了解自己想要实现的目标，你既不知道该从哪里开始、该如何解决眼前的问题，也不知道如何利用已有的资源来为目标任务服务。这种让人感到沮丧的情形往往发生在技能学习的初始阶段。

困惑忍耐力指在学习过程中遇到困难时坚持学下去的能力。当你同时面对诸多困难不知道如何下手时，你能做的只有坚持。就像你站在一个有着 10 条岔路的路口，你必须分析每条路通向何方。这种情况的确让人心烦，但当你克服了之后，你就会发现所有困难都是可以战胜的。

试想你在一个堆满了各种箱子的房间里，你需要移动这些杂乱无章的箱子并加以整理。被一屋子乱糟糟的东西包围确实很糟糕，一想到这种情景，许多人都会感觉喘不上气、浑身冒汗。你站在岔路口的感觉也是如此，如果你对周围连绵不绝的群山带来的迷失感没有忍受能力，那遇到困难时，你永远等不到找出解决方法的那一刻。

知道做到 快速获取新技能的科学

你需要拥有足够的困惑忍耐力来抵御可能遇到的各种困难，以及那些令人纠结的问题——该从哪里开始、该如何去完成任务这类问题。当你学会对周围的事物进行分类重组的时候，你离解决方法就越来越近，离实现目标也越来越近。

总之，困惑忍耐力意味着你在困难时期依然意志坚定地继续行动，而不是坐等天上掉馅饼。

时时注意让思维定式清零

我什么也不懂。这是一种在任何情况下都可以让自己摆出学生姿态的心态。学生的形象是谦虚的、乐意倾听的、善于接受新信息和新观点的。

初学者的"我什么也不懂"并不是自我贬低。虽然说这种话时带有自我贬低并想要得到他人帮助的意味，但你的行为和你的自尊无关，因为你这么做只是为了让你处在一个可以听取他人意见、不断进行自我改善的位置。的确很少有人可以保持谦逊，但如果你能面不改色地直接说出"我什么也不懂，我愿意倾听你的想法"，与那些不愿向他人学习的人相比，拥有这种心态的你更有可能成功。

这种初学者的心态对学习十分有帮助。即便是在自己熟知

第7章 | 适当放慢脚步，回归初学者心态

的领域摆出初学者或业余爱好者的姿态，对你的学习也是有利的。相比那些自以为是的专家或是把"我早就知道了"挂在嘴边的人，谦虚的人更善于学习他人的长处。

很多人对"专家"这个概念存有误解，其中甚至包括那些被称为专家的人，他们认为成为专家意味着不再需要继续学习。在特定的领域里，你几乎学会了所有知识。任何人建议你继续学习，你都认为是一种侮辱，因为你已经学到了极限，没有任何新知识可供继续学习了。

> 知识的学习是一个永恒变化的过程。在这个过程中，我们需要学会回顾与反思，这是一种思维习惯，也是掌握专业技能的有效方法。温故而知新，才是推动知识更新迭代的终极法则。

初学者的心态起源于始终保持开放热忱的态度，即便是学习进阶本领，也要像初学者一样，不要有先入为主的想法。

所以，当你每次学习新事物的时候，无论你认为自己对其了解多少，都应该保持初学者的心态，切忌有任何先入为主的

知道做到 快速获取新技能的科学

想法，对其充满好奇心，就好像自己是第一次接触一样。

以学习乐器为例。你要问什么问题？你要从哪里开始学习？你不知道学习乐器过程中的关键因素，所以认为所有内容同样重要。面对这件新乐器，你感到十分好奇，但又缩头缩脚、小心翼翼，生怕自己的错误操作损坏了乐器。在很长一段时间内，你都无法撇开这种顾虑。

这就是初学者心态的基础。当你将脑海中的思维定式清零后，让自己处于一无所知的状态，你会发现这样更容易学会新知识。如果你被禁锢在专家的思维定式下，就会不假思索地跳过一些自认为不用学习的步骤。

应该强调的是，保持初学者心态的人更愿意质疑自己，而那些所谓的专家靠着凭空的假设和自己的经验，不会对自己提出任何质疑。当你问出一些看似十分愚蠢的问题，自己还能泰然处之，并且不会根据自己的经验做出武断的假设，那么这时候答案也会变得明晰起来。

如果我们过于相信某些观点，就有可能遗漏一些重要的细节。初学者的心态强调放慢脚步、关注易被忽视的内容。从不同的角度学习相同的知识，就可以突破我们自身的局限，收获更多的领悟。这就是初学者心态的价值所在。

快速获取新技能 Tips

Tip 1

想让学习始终行驶在正确的轨道上,需要对所学的新技能设定合理的目标,并且不轻易放弃。目标不能过高,否则你极有可能会气馁;也不能过低,那样你又认为毫无挑战性。养成一种习惯需要两个月以上的时间,熟悉一项技能至少需要 25 小时。所以,当你不能在短时间内精通某项技能时,不要绝望,这是学习曲线中的正常部分。

Tip 2

做好长期摸索的心理准备,不要期望有捷径可走。不通过循序渐进地学习就掌握一项技能,那是痴心妄想。脚踏实地,别盲目地和他人做无谓的比较。

知道做到 快速获取新技能的科学

Tip 3

在这个世界上，你想得到任何一件东西都意味着要付出一定的代价，只不过代价有大有小，有些代价看起来并不那么明显。学习新技能肯定要付出许多代价。能付出的代价的多少，恰恰是卓越和平庸的分水岭。大多数人要么不了解代价的重要性，要么不愿意付出代价。世上永远没有免费的午餐。

Tip 4

最后一点：始终保持正确的心态。无论你在哪里，无论你的水平高低，你都有着自己的无知。当你意识到这一点时，你对学习的态度就会发生转变。你仍然可以重新审视熟悉的事物，发现新观点，而对新鲜的事物则需要更多的关注和分析。

THE SCIENCE OF
RAPID SKILL ACQUISITION

新技能获取法
Summary

知道做到 快速获取新技能的科学

01 技能学习新时代，也是你的时代

　　学习是什么？除了痛苦、不适和烦恼之外，学习还代表着拥有一种改变生活和环境的能力。大多数学校采用的是被动的学习模式，让我们从未学过如何学习。而学校中所学的生搬硬套的学习方法，在步入社会后并无太大用处，所以真正能帮到我们的是掌握学习新技能的有效方法。

　　学习的重要步骤之一是弄清楚要学什么。我们有很多心愿，但应该把宝贵的时间花在最重要的事情上。什么是重要的事情呢？凡是能提升幸福感、增强赚钱本领、优化资源配置能力、最大化利用机遇抑或是让你更好地应对各种生活境遇的事情，都是重要的事情。学习一项技能、爱好或提取某种信息的原因各有不同，对人生的影响也会不同。

　　学习过程中要熟知四个阶段。这四个阶段分别是不知道自己能力不够（不知道自己的无知），知道自己能力不够（知道自己

新技能获取法 Summary

的方法不对），知道自己有能力应对（知道如何成功，需要付出努力和专注），清楚自己的能力并已成为下意识的行为（不用过多考虑便能取得成功）。清楚自己的实际情况，就可以更好地计划下一步的行动。

02 3大诀窍敲定技能学习规划

为了取得最佳的学习效果，可以将复杂的综合技能分解为多个单项技能。这会在心理上对你有所帮助，因为完成一系列小任务总比完成一项重大任务容易一些。这也能让你更合理地利用时间，因为在技能分解后，你就能找出对整体技能影响最大的单项技能，从而对其多花精力和时间。二八法则（分清主次矛盾）就是对该观点的最好说明，就如语言学习一样，大多数日常对话只会用到最常见的几百个词语。

乐于学习，并将不同的学习方式有机地结合起来。尽管许多学习方法的理论还未得到科学证实，事实是，只有当你花费足够的精力并保持足够的专注时，学习才能取得良好效果。不同的学习方法适用于不同的人，但拥有多种不同类型的学习方式以备用，也是不错的选择。我们讨论了两种模式：学习金字塔理论（听讲，阅读，小组讨论，现场示范，实际应用，教授他人）和所罗门—

新技能获取法 Summary

费尔德学习风格量表法（积极型与反思型、感知型与直觉型、视觉型与语言型、动觉型、循序渐进型与全局把控型）。

制订学习计划的最后一个方面（对某些人来说，这或许是主要方面）是学会有效地收集、筛选资料。因为并非所有的资料都是同等重要的。这包括 5 个步骤：收集信息，过滤信息，寻找规律和重合之处，征求不同意见，综合考量。在此阶段，许多人卡在信息收集阶段止步不前，从而影响了整个学习进程。我们要清楚自己的认知永远是有限的，必须有意识地选择在某个时间停止学习，投入实践。

03 4种练习法，系统把控技能学习进度

现在你已经了解了快速获取新技能的基础内容，是时候开始练习了。但这不是一般的练习，一般的练习通常只是被动复习和机械重复的过程，真正有效的练习却充满困难、乏味和痛苦。你遇到的困难越多，你学到的东西也就越多，要记住这一点。

练习有几种不同的方式。第一种是有意识的练习，包括分解技能，找出问题区间，然后对问题区间进行强化训练以提高整体表现。慢慢学习，保持耐心，从一开始就养成正确的习惯和肌肉记忆，因为改掉坏习惯和纠正错误认知需要花费更多的努力。

交替练习听起来或许有悖常理，但是非常有效。把大板块的时间分割成多个小板块时间来学习要比长时间学习单一内容更高效。这既能帮助你将不相关的主题联系起来，也能避免你在练习过程中变得自满，还能促使你继续深挖所学内容。在这个过程里，练习的频率是需要重点考虑的因素。

新技能获取法 Summary

间隔重复是另一种练习方法。这再一次证明了大脑偏好的记忆方式是高频率而不是长时间，所以你也应该合理地安排你的练习时间。与其在周一练习 5 小时，不如在接下来的五天里每天练习 1 小时，你所花费的时间一样多，但记住的内容会大大增加。想象一下，一条路径必须要在大脑中穿过，只有多走几次，才更容易记住。

PBL，也称为问题导向式学习法，是指你有意识地针对某个要解决的问题或要达到的目标进行学习。换言之，我们的思路不是刻意学习 X，而是设定一个解决问题的方案 Y，在寻找 Y 的过程中，也学会了 X。这能帮助你保持专注力，为你提供足够的动力，从而让你充分地发挥主观能动性，推动更深层次的学习，最终达到融会贯通。PBL 的一般步骤包括：明确你的问题，明确已知的信息，明确需要但未知的信息，找出解决方案，采取行动。

如果没有掌握正确的练习方法，那你做的一切练习都是徒劳，所以我们需要进行自我评估、形成自我意识、从错误中吸取教训。这样做需要我们本着实事求是的态度，不回避自己的盲点，通过对错误的评估明白自己做错了什么、今后必须改变什么，此步骤不能忽略。

04 4种思考技巧，全方位拓展知识边界

学习不是野餐，实践是艰苦而劳累的，进行深度理解也是如此。只有这样，你才能真正掌握某科知识或某项技能。有四种具体的方法可以帮助你进行深度理解。

第一种方法被称为精细提问，这是一种自我提问、自我总结和自我质疑的学习方法。你可以自己创建关于某个主题的一系列提问，并关注"为什么"和"怎么办"这样的问题。由表及里，找到学习的终点和起点，发现知识盲点。

第二种方法叫作费曼技巧，这其实是精细提问的一种，由著名物理学家理查德·费曼发明，包括四个步骤：选择一个主题，尽可能简洁地对其进行解释，找出自己的盲点，最后使用类比法来解释该主题。因为要有足够多的知识和足够深的理解才能找到不同概念间的联系，所以类比被认为是深刻理解的一个标志。

第三种方法是布鲁姆分类法，这是一种检测自我学习水平的

新技能获取法 Summary

方法。一旦清楚了自己目前的学习层次，就能找到具体的指导方法，帮助自己进入更深的学习层次。根据布鲁姆分类法，学习包含 6 个层次：记忆、理解、应用、分析、评价、创新。

最后一种方法是充分利用我们的好奇心。有些时候，虽然我们已经做出了最大的努力，但工作量太大，并且枯燥乏味，学习难以取得进展。因此很难有人能够不断地质疑自己的思想，检验自己的观点。唤醒心底沉睡的好奇心可以有效地推动学习。当你的意志力耗尽时，好奇心能让你保持学习的动力，驱使你坚持下去。

05 技能积累，稀缺人才的终极武器

技能积累指拥有多项技能，因为无论你想做什么，都很难依靠单项技能取得成功。我们中只有 1% 的人能跻身某项技能领域的最前列，你很可能不能位列其中。因此我们应该进行技能积累，掌握三四项相关技能，并在每个技能领域排进前 5%～前 15%。这是个很实在的建议，会让你在竞争中脱颖而出。

技能积累的关键在于将各项技能紧密联系起来，这意味着你不应该只关注自己的优势，这样会阻碍你的前进。你可以参考自己所在领域的顶尖高手，看看他们拥有哪些不同的技能。当你想提高某方面的能力时，你可以通过阅读、参加讲座获得一些基本知识，仅此一项就可以使你在该领域的知识储备超过 90% 的常人，这将使你看起来像一名专家！

新技能获取法 Summary

06 管理社交圈，营造正向学习环境

人们通常认为，我们只依靠自己就能取得成功，其实并非如此。我们所处的社会环境会对我们的思想和行为产生巨大的影响。

你的社交圈对你有很大的影响，它能成就你，也能毁灭你。你交往的人可以是你的支持者，也可以是消极的反对者。然而最危险的人是那些看起来凡事都为你考虑，却总是将自己的恐惧和不安投射在你身上的人。摆脱这些人的影响不容易，但至少要知道他们对你持批评态度的原因，并对其保持谨慎的态度。

希望你的身边有优质的榜样。如果你不了解他们的想法，那就多关注他们的外在行为，因为外在行为最能体现他们的想法和意图。所以，观察，观察，再观察！

下一步要做的是找一位导师。你们之间是否建立正式的师徒关系并不重要，但这个人可以帮你打破自己的思维定式，给你反馈

知道做到 快速获取新技能的科学

意见，并推动你向前，让你始终行驶在正确的发展轨道上。理想情况下，你的导师应该也是从零开始学习的人，因为这样的话，他们能凭借自身的奋斗经历成为最适合剖析你的学习行为的人，并为你提供实用的建议。

如果可行的话，加入一个学习小组，营造一种学习氛围，让你自己沉浸其中。最好的学习团队就是像巴西五人制足球运动队和文艺复兴时期的佛罗伦萨手工业行会那样的组织。这并不容易办到，但当你的身边高手如云时，你在潜移默化中就会变得更优秀。

当你营造了一个利于学习的环境，让自己不必纠结就能做出学习的决定时，这就无须再考验意志力了。所以，把学习需要的工具放在触手可及的地方，经常学习或练习，排除干扰。这个道理虽然很简单，但能最大限度地调动学习积极性。

新技能获取法 Summary

07 适当放慢脚步，回归初学者心态

想让学习始终行驶在正确的轨道上，需要对所学的新技能设定合理的目标，并且不轻易放弃。目标不能过高，否则你极有可能会气馁；也不能过低，那样你又认为毫无挑战性。

养成一种习惯需要两个月以上的时间，熟悉一项技能至少需要 25 小时。所以，当你不能在短时间内精通某项技能时，不要绝望，这是学习曲线中的正常部分。

做好长期摸索的心理准备，不要期望有捷径可走。不通过循序渐进地学习就掌握一项技能，那是痴心妄想。脚踏实地，别盲目地和他人做无谓的比较。

在这个世界上，你想得到任何一件东西都意味着要付出一定的代价，只不过代价有大有小，有些代价看起来并不那么明显。学习新技能肯定要付出许多代价。能付出的代价的多少，恰恰是卓越和平庸的分水岭。大多数人要么不了解代价的重要性，要么

知道做到 快速获取新技能的科学

不愿意付出代价。世上永远没有免费的午餐。

最后一点：始终保持正确的心态。无论你在哪里，无论你的水平高低，你都有着自己的无知。当你意识到这一点时，你对学习的态度就会发生转变。熟悉的事物仍然可以重新审视，发现新观点；新鲜的事物则需要更多的关注和分析。

**The Science of
Rapid Skill Acquisition
"蓄势向上"共读书单**

以下是历年来我们的读者推荐的各类兼具权威性和实用性的经典作品。

掌控人生

《早起的奇迹》(*The Miracle Morning*)
那些能够在早晨 8：00 前改变人生的秘密
哈尔·埃尔罗德（Hal Elrod）

《时间管理的奇迹》(*Procrastinate on Purpose*)
让硅谷团队效率倍增的"认知"和"行动"实践指南
罗里·瓦登（Rory Vaden）

《向上的奇迹》(*Mojo*)
引领全球数十万人职场向上、生活向上、认知向上的奇迹之书
马歇尔·古德史密斯（Marshall Goldsmith）

知道做到 快速获取新技能的科学

《知道做到自学的科学》(*The Science of Self-Learning*)
任何学科都能很快学会,更少时间掌握更多的妙手学习法
彼得·霍林斯(Peter Hollins)

《野蛮进化》(*Relentless*)
乔丹、科比御用极限训练师首度公开"统治者"潜能激发心理学
蒂姆·S.格罗弗(Tim S. Grover)和莎莉·莱塞·温克(Shari Lesser Wenk)

《野蛮进化 2》(*Winning*)
赢家法则
蒂姆·S.格罗弗(Tim S. Grover)和莎莉·莱塞·温克(Shari Lesser Wenk)

致富之道

《富爸爸的财富花园》(*The Wealthy Gardener*)
普通人积累财富最值得收藏的传家之书
约翰·索福里克(John Soforic)

《财富流》(*The Millionaire Master Plan*)
顺应天性、顺势创富的底层逻辑
罗杰·詹姆斯·汉密尔顿(*Roger James Hamilton*)

"蓄势向上"共读书单

《财富流（财富与幸福篇）》(*True Wealth Formula*)
顺应时代之势，构建体系化、可传承的财富自由系统
汉斯·约翰逊（Hans Johnson）

《财富自由笔记》(*Boss Up!*)
从白手起家到40岁之前创办9家公司，一个"奇迹妈妈"可复制、可落地的商业实践
琳赛·蒂格·莫雷诺（Lindsay Teague Moreno）

《财务自由笔记（小白理财实操版）》
上班赚小钱 4个账户赚大钱
高敬镐

《浪潮式发售（全新升级版）》(*Launch*)
让你卖什么都秒杀并持续热卖的产品发售公式
杰夫·沃克（Jeff Walker）

心灵力量

《轻疗愈：敲除疼痛》(*The Tapping Solution for Pain Relief*)
情绪释放疗法疼痛疗愈分步指南
尼克·奥特纳（Nick Ortner）

知道做到 快速获取新技能的科学

《感恩的奇迹》（*Attitudes of Gratitude*）

让我们的眼睛再次看到平凡生活中的奇迹

M.J. 瑞安（M. J. Ryan）

《感恩日记》（*Gratitude diaries*）

每天5分钟书写感恩，练习爱的能力

贾尼丝·卡普兰（Janice Kaplan）

《恰到好处的亲密》（*Stop Being Lonely*）

写给互联网时代想要远离孤独的你

基拉·阿萨特里安（Kira Asatryan）

人文新知

《物理就是这么酷》（*In Praise of Simple Pyhsics*）

玩转那些纠结又迷人的物理学问题

保罗·J. 纳辛（Paul J. Nahin）

《生命大设计》（*Beyond Biocentrism*）

重新思考人类在宇宙中的位置以及生命的存在与消亡

罗伯特·兰扎（Robert Lanza）和鲍勃·伯曼（Bob Berman）

"蓄势向上"共读书单

《基因、病毒与呼吸》(*Breath Taking*)
从肺的进化起源到呼吸的治愈力量
迈克尔·J. 史蒂芬(Michael J. Stephen)

《未来黑科技通史》(*Graphene*)
即将彻底改变人类世界的"万能新材料"
莱斯·约翰逊(Les Johnson)和约瑟夫·米尼(Joseph Meany)

《谁找到了薛定谔的猫》(*What is Real?*)
爱玻之争以来,鲜为人知的量子物理学百年探索史
亚当·贝克尔(Adam Becker)

《石像、神庙与失落的文明》(*Jungle of Stone*)
改写世界文明史的玛雅发现之旅
威廉·卡尔森(William Carlsen)

海派阅读 GRAND CHINA

READING YOUR LIFE

人与知识的美好链接

20 年来，中资海派陪伴数百万读者在阅读中收获更好的事业、更多的财富、更美满的生活和更和谐的人际关系，拓展读者的视界，见证读者的成长和进步。现在，我们可以通过电子书（Kindle、掌阅、阅文、得到等平台）、有声书、视频解读和线上线下读书会等更多方式，满足不同场景的读者体验。

关注微信公众号"**海派阅读**"，随时了解更多更全的图书及活动资讯，获取更多优惠惊喜。读者们还可以把阅读需求和建议告诉我们，认识更多志同道合的书友。让派酱陪伴读者们一起成长。

了解更多图书资讯，请扫描封底下方二维码。 微信搜一搜 海派阅读

也可以通过以下方式与我们取得联系：

- 采购热线：18926056206 / 18926056062
- 服务热线：0755-25970306
- 投稿请至：szmiss@126.com
- 新浪微博：中资海派图书

更多精彩请访问中资海派官网 www.hpbook.com.cn